DISCURSO SOBRE O COLONIALISMO

DISCURSO SOBRE O COLONIALISMO
AIMÉ CÉSAIRE

ILUSTRAÇÕES
MARCELO D'SALETE

TRADUÇÃO
CLAUDIO WILLER

Discours sur le colonialisme
©Presence Africaine Editions, 1955

Notas:
Rogério de Campos

Revisão:
Guilherme Mazzafera e Alyne Azuma

Capa:
Rômulo Luís

Ilustrações:
Marcelo D'Salete

Projeto gráfico:
Casa Rex

Diagramação:
Lilian Mitsunaga

Agradecimentos:
a Alexandre Linares,
ao prof. Everaldo de Oliveira Andrade
e a Silvana Jeha.

Dados Internacionais de Catalogação na Publicação (CIP)
(Câmara Brasileira do Livro, SP, Brasil)

C958   Césaire, Aimé (1913 – 2008)
Discurso sobre o colonialismo / Aimé Césaire. Tradução de Claudio Willer. Ilustração de Marcelo D'Salete. Cronologia de Rogério de Campos. – São Paulo: Veneta, 2020.

136 p.; il.
Título original: Discours sur le colonialisme. Paris: Presence Africaine Editions, 1955.
ISBN 978-85-9571-068-9

1. Colonialismo. 2. Imperialismo. 3. Capitalismo. 4. Fascismo. 5. Racismo. 6. Negritude. 7. Desigualdade Social. 8. Resistência Política. I. Título. II. Willer, Claudio, Tradutor. III. D'Salete, Marcelo, Ilustrador. IV. Campos, Rogério de. V. Césaire, Aimé Fernand David (1913 – 2008).

CDU 316   CDD 305

Rua Araújo, 124, 1º andar, São Paulo
www.veneta.com.br
contato@veneta.com.br

Uma civilização que se mostra incapaz de resolver os problemas que seu funcionamento provoca é uma civilização decadente.

Uma civilização que opta por fechar os olhos para seus problemas mais cruciais é uma civilização doente.

Uma civilização que se esquiva diante de seus princípios é uma civilização moribunda.

O fato é que a chamada civilização "europeia", civilização "ocidental", tal como foi moldada por dois séculos de governo burguês, é incapaz de resolver os dois principais problemas aos quais sua existência deu origem: o problema do proletariado e o problema colonial. Levada ao tribunal da "razão" e ao tribunal da "consciência", a Europa se mostra impotente para justificar-se. Cada vez mais, se refugia na hipocrisia, tanto mais odiosa por ter cada vez menos chances de enganar.

A Europa é indefensável.

Parece ser essa a constatação que os estrategistas norte-americanos estão sussurrando[1].

Em si, isso não é grave.

---

[1] Com o fim da Segunda Guerra Mundial, com o crescimento dos partidos comunistas na Europa Ocidental, pareceu mesmo que países como a França poderiam se tornar comunistas.

O grave é que "a Europa" é moral, espiritualmente indefensável.

E hoje acontece que não são apenas as massas europeias que a incriminam, mas a acusação é proferida no plano mundial por dezenas e dezenas de milhões de homens que, das profundezas da escravidão, se erigem em juízes.

Você pode matar na Indochina, torturar em Madagascar, aprisionar na África Negra, seviciar nas Índias Ocidentais. Os colonizados agora sabem que têm uma vantagem sobre os colonialistas. Sabem que seus "senhores" provisórios estão mentindo.

Portanto, seus "senhores" são frágeis.

E já que hoje me pedem para falar sobre colonização e civilização, vamos direto à mentira principal, a partir da qual todas as outras proliferam.

Colonização e civilização?

A maldição mais comum nessa questão é a de ser enganado em sua boa--fé pela hipocrisia coletiva, perita em situar mal os problemas para melhor legitimar as odiosas soluções oferecidas.

Isso significa que o essencial aqui é ver com nitidez, pensar com nitidez, entender temerariamente, responder com nitidez à inocente pergunta inicial: o que, em seu princípio, é a colonização? É concordar que não é nem evangelização, nem empreendimento filantrópico, nem vontade de empurrar para trás as fronteiras da ignorância, da doença e da tirania, nem expansão de Deus, nem extensão do Direito; é admitir de uma vez por todas, sem recuar ante as consequências, que o gesto decisivo aqui é do aventureiro e do pirata, dos merceeiros em geral, do armador, do garimpeiro e do comerciante; do apetite e da força, com a sombra maléfica, por trás, de uma forma de civilização que, em um momento de sua história, se vê obrigada internamente a estender à escala mundial a concorrência de suas economias antagônicas.

Continuando minha análise, acho que a hipocrisia é de data recente; que nem Cortez descobrindo o México do alto das grandes *teocalis*[2], nem Pizarro diante de Cuzco (ainda menos Marco Polo diante de Cambaluc[3]), arvoram-se mensageiros de uma ordem superior; que matem; que saqueiem; que tenham capacetes, lanças, cupidez; mas os embusteiros vieram depois:

---

2 NE: Antigas pirâmides mesoamericanas.
3 NE: Antigo nome de Pequim (ou Beijing).

e o grande responsável nesse campo é o pedantismo cristão, por ter elaborado as equações desonestas: *cristianismo = civilização; paganismo = selvageria*, das quais só poderiam resultar as abomináveis consequências colonialistas e racistas, cujas vítimas seriam os índios, amarelos e negros.

Acertado isso, admito que é bom colocar diferentes civilizações em contato; que casarem-se mundos diferentes é excelente; que uma civilização, qualquer que seja seu gênio íntimo, murcha ao dobrar-se sobre si mesma; que a troca aqui é oxigênio, e que a grande sorte da Europa é haver sido uma encruzilhada e que, por ter sido o lugar geométrico de todas as ideias, o receptáculo de todas as filosofias, o lugar de acolhida de todos os sentimentos, tornou-se o melhor redistribuidor de energia.

Mas então apresento a seguinte questão: a colonização realmente *pôs em contato*? Ou, se preferirem, de todas as formas de estabelecer contato, ela foi a melhor?

Eu respondo: *não*.

E digo que, da colonização à civilização, a distância é infinita; que, de todas as expedições coloniais acumuladas, de todos os estatutos coloniais elaborados, de todas as circulares ministeriais despachadas, não sobraria um único valor humano.

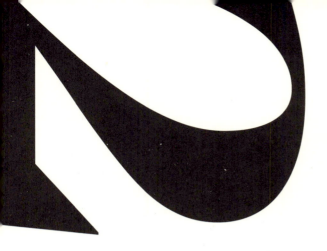

Seria preciso, antes, estudar como a colonização funciona para descivilizar o colonizador; para brutalizá-lo no sentido apropriado da palavra, degradá-lo, despertá-lo para instintos soterrados, cobiça, violência, ódio racial, relativismo moral, e mostrar que toda vez que no Vietnã há uma cabeça decepada e um olho perfurado, e na França se aceita isso, uma menina é estuprada, e na França se aceita isso, um malgaxe[4] torturado, e na França se aceita isso, há um acréscimo de peso morto na civilização, ocorre uma regressão universal, uma gangrena se instala, um foco de infecção se espalha, e que no final de todos esses tratados violados, todas essas mentiras propagadas, todas essas expedições punitivas toleradas, todos aqueles prisioneiros amarrados e "interrogados", todos esses patriotas torturados, no final desse orgulho racial estimulado, dessa jactância propagada, existe o veneno incutido nas veias da Europa, e o processo lento, mas seguro, do asselvajamento do continente.

E então, um belo dia, a burguesia é despertada por um tremendo choque, como de um bumerangue: as gestapos estão atarefadas, as prisões estão cheias, os torturadores inventam, refinam, discutem em meio aos seus instrumentos de trabalho.

4 Povo de Madagascar, que foi colônia francesa até 1960.

Surpresa e indignação. E as pessoas dizem: "Que estranho! Mas, ah! É o nazismo, vai passar! E esperam e esperam; e se mantém caladas diante da verdade: que é uma barbárie, mas a barbárie suprema, aquilo que coroa, aquilo que resume o caráter cotidiano das barbáries; que é nazismo, sim, mas que antes de serem suas vítimas, foram cúmplices; que esse nazismo, toleraram antes de sofrê-lo; absolveram-no, fecharam seus olhos e o legitimaram, porque, até então, havia sido aplicado apenas a povos não europeus; cultivaram esse nazismo, ele é sua responsabilidade; e ele gotejava, escorria, penetrava antes de engolir em suas águas avermelhadas, por todas as fendas, a civilização ocidental e cristã.

Sim, valeria a pena estudar, clinicamente, em detalhes, os passos de Hitler e do hitlerismo e revelar ao burguês muito distinto, muito humanista e muito cristão do século XX que ele carrega consigo um Hitler sem saber, que Hitler *vive nele*, que Hitler é seu *demônio*, que se ele o vitupera, é por falta de lógica e, no fundo, o que ele não perdoa em Hitler não é o crime em si, o *crime contra o homem*, não é a *humilhação do homem em si*, é o crime *contra o homem branco*, é a humilhação *do homem branco*, é de haver aplicado à Europa os procedimentos colonialistas que atingiam até então apenas os árabes da Argélia, os *coolies*[5] da Índia e os negros da África.

E essa é a grande acusação que eu dirijo ao pseudo-humanismo: ter por muito tempo reduzido os direitos humanos, ter ainda uma concepção estreita e fragmentada deles, parcial e tendenciosa e, considerando tudo, sordidamente racista.

Falei muito sobre Hitler. Ele merece, pois nos permite ver em maior escala e compreender que a sociedade capitalista, no seu estágio atual, é incapaz de fundar um direito dos povos, assim como se mostra impotente para fundar uma moralidade individual. Queiram ou não: no final do beco sem saída da Europa, quero dizer, da Europa de Adenauer, Schuman, Bidault[6] e

---

5 Termo depreciativo para trabalhadores braçais.
6 Konrad Adenauer (1876-1967), político democrata-cristão, chanceler da Alemanha Ocidental entre 1949 e 1963. Robert Schuman (1886-1963), político democrata-cristão, primeiro-ministro da França entre 1947 e 1948; em 1958 tornou-se o primeiro presidente do Parlamento Europeu. Georges Bidault (1899-1983), primeiro-ministro francês na segunda metade da década de 1940, se exilou no Brasil nos anos 1960 depois que foi revelado seu envolvimento com a OAS, grupo paramilitar francês de extrema-direita.

alguns outros, há Hitler. No fundo do capitalismo, ansioso por sobreviver, há Hitler. No fundo do humanismo formal e da renúncia filosófica, há Hitler.

E, desde imediato, uma de suas frases se impõe a mim:

> Nós aspiramos, não à igualdade, mas à dominação. O país de raça estrangeira terá que se tornar novamente um país de servos, diaristas agrícolas ou trabalhadores industriais. Não se trata de eliminar as desigualdades entre os homens, mas de ampliá-las e torná-las uma lei.

Isso parece claro, orgulhoso, brutal e nos coloca em plena selvageria ululante. Mas vamos descer um degrau.

Quem fala? Tenho vergonha de dizer: é o *humanista* ocidental, o filósofo "idealista". Que o nome dele seja Renan[7] é um acaso. Que seja tirado de um livro intitulado *La Réforme intellectuelle et morale* (*A reforma intelectual e moral*), que tenha sido escrito na França, no dia seguinte a uma guerra que a França apresentara como do direito contra a força[8], isso diz muito sobre os costumes burgueses.

> A regeneração de raças inferiores ou abastardadas por raças superiores está na ordem providencial da humanidade. O homem do povo é quase sempre, em casa, um nobre rebaixado, sua mão pesada é muito mais bem feita para segurar a espada do que a ferramenta servil. Em vez de trabalhar, ele escolhe lutar, ou seja, ele volta ao seu primeiro estado. *Regere imperio populos*, essa é a nossa vocação. Despeje essa atividade devoradora em países que, como a China, clamam pela conquista estrangeira.
>
> Quanto aos aventureiros que perturbam a sociedade europeia, façam com eles um *ver sacrum*[9], um enxame como os dos francos, lombardos e normandos, e todos estarão em seu papel. A natureza criou uma raça de

---

7 Ernest Renan (1823-1892), filósofo francês, muito popular no século XIX e na primeira metade do século XX.

8 *La Réforme intellectuelle et morale*, que reúne artigos de Renan escritos a partir de 1869, foi lançado em 1871, logo depois da humilhante derrota francesa na Guerra Franco-Prussiana.

9 *Ver sacrum* (Primavera Sagrada) era uma tradição italiana anterior ao Império Romano pela qual uma parte da população jovem era expulsa da comunidade, para que saísse à procura de outras terras onde criaria uma nova tribo.

trabalhadores: é a raça chinesa, com uma destreza de mão maravilhosa, com quase nenhum sentimento de honra; governem-na com justiça, tirando dela, para o benefício de um tal governo, um amplo dote para o benefício da raça conquistadora; ela ficará satisfeita; uma raça de trabalhadores da terra é a negra; sejam bons e humanos com ela, e tudo estará em ordem; uma raça de mestres e soldados, essa é a raça europeia. Reduzam essa nobre raça a trabalhar no ergástulo[10] como os negros e chineses, ela se revolta. Todo rebelde é mais ou menos um soldado que frustrou sua vocação entre nós, um ser feito para uma vida heroica, e que vocês destinam *a uma tarefa contrária à sua raça*: um mau trabalhador, um soldado muito bom. Agora, a vida que revolta nossos trabalhadores faria a felicidade de um chinês, de um *felá*[11], que não são militares. Deixe todos fazerem aquilo para que são feitos, e tudo ficará bem.

Hitler? Rosenberg[12]? Não, Renan.

Mas vamos descer mais um degrau. E aí está o político verborrágico. Quem protesta? Ninguém, que eu saiba, quando o sr. Albert Sarraut[13], discursando aos alunos da Escola Colonial[14], ensina-lhes que seria infantil opor às empresas europeias de colonização "um suposto direito de ocupação e sabe-se lá que outros direitos de feroz isolamento que perpetuariam em vão as inúteis posses de riquezas sem uso em mãos incapazes".

E quem se indigna ao ouvir um certo padre Barde[15] garantir que os bens deste mundo, "se eles permanecessem indefinidamente distribuídos, como estariam sem a colonização? Não responderiam aos planos de Deus, nem às justas exigências da coletividade humana"?

Esperando-se, como afirmou seu irmão em cristianismo, o reverendo Muller: "que a humanidade não tenha que suportar que a incapacidade, negligência e preguiça dos povos selvagens deixem indefinidamente sem

---

10 Na Roma Antiga, ergástulo era o calabouço onde eram confinados os escravos.

11 Camponês do norte da África

12 Alfred Rosenberg (1892-1946), ideólogo nazista.

13 Albert-Pierre Sarraut (1872-1962) foi duas vezes primeiro-ministro da França na década de 1930.

14 A École nationale de la France d'outre-mer, escola de elite, formava os administradores das colônias francesas.

15 Louis Barde (1852-1932), jesuíta, jurista e professor da Faculdade de Direito de Montpellier. Foi um dos editores da revista católica *Action Populaire*.

emprego as riquezas que Deus lhes confiou com a missão de fazê-las servirem ao bem de todos".

Ninguém.

Quero dizer, nenhum escritor reconhecido, nenhum acadêmico, nenhum pregador, nenhum político, nenhum cruzado do direito e da religião, nenhum "defensor da pessoa humana".

E, no entanto, pelas bocas de Sarraut e Barde, Muller e Renan, pela boca de todos aqueles que julgaram e julgam lícitos aplicar-se aos povos extra-europeus, em benefício de nações mais fortes e equipadas, "uma espécie de expropriação em prol da utilidade pública", já era Hitler falando!

Aonde quero chegar? A esta ideia: que ninguém coloniza inocentemente, que ninguém coloniza impunemente; que uma nação colonizadora, uma civilização que justifica a colonização — portanto a força — já é uma civilização doente, uma civilização moralmente atingida que, irresistivelmente, de consequência em consequência, de negação em negação, chama seu Hitler, quero dizer, seu castigo.

Colonização: uma cabeça de ponte, em uma civilização, da barbárie que, a qualquer momento, pode levar à pura e simples negação da civilização.

Já citei diversas vezes, em outros lugares, certas características da história das expedições coloniais.

Não tive a sorte de agradar a todos. Parece que estou tirando velhos esqueletos do armário. De fato!

Seria inútil citar o coronel de Montagnac[16], um dos conquistadores da Argélia?

"Para afastar as ideias que às vezes me assediam, cortei cabeças, não cabeças de alcachofras, mas cabeças de homens."

Seria apropriado recusar a palavra ao conde d'Herisson[17]?

---

16 Lucien de Montagnac (1803-1845) foi responsável por vários massacres de civis na invasão francesa da Argélia e tinha muito orgulho disso: "Nós nos instalamos no centro do país... queimando, matando, destruindo tudo. (...) Algumas tribos ainda resistem, mas nós as rastreamos, para tomar suas esposas, seus filhos, seu gado". E o que faziam com as mulheres? "Algumas são mantidas como reféns, outras trocadas por cavalos, e as restantes são vendidas em leilão como bestas de carga."

17 Hérisson (1839-1898) participou da chamada Segunda Guerra do Ópio (1856-1860), na qual a Inglaterra e a França invadiram a China para forçá-la a render-se de vez ao imperialismo ocidental.

"É verdade que trouxemos um barril cheio de orelhas colhidas, de par em par, de prisioneiros, amigos ou inimigos."

Caberia recusar a Saint-Arnaud[18] o direito de fazer sua profissão de fé bárbara?

"Devastamos, queimamos, saqueamos, destruímos casas e árvores." Caberia impedir o marechal Bugeaud[19] de sistematizar tudo isso em uma teoria ousada e reivindicar grandes ancestrais?

"É preciso uma grande invasão na África que se pareça com o que os francos fizeram, com o que os godos fizeram."

Seria preciso, finalmente, lançar às sombras do esquecimento o memorável feito de armas do comandante Gerard[20] e calar sobre a captura de Ambike[21], uma cidade que, para dizer a verdade, nunca pensou em se defender:

> Os atiradores de elite tinham ordens para matar apenas homens, mas não foram detidos; intoxicados pelo cheiro de sangue, não pouparam uma mulher, nem uma criança... No final da tarde, sob a ação do calor, uma pequena névoa se elevou: era o sangue das cinco mil vítimas, a sombra da cidade que evaporou ao pôr do sol.

Sim ou não: esses fatos são verdadeiros? E a voluptuosidade sádica, os prazeres indescritíveis que fazem a carcaça de Loti[22] estremecer quando

---

18 O marechal Saint-Arnaud (1798-1854) promoveu diversos massacres na África, alguns pelo método da "enfumade": os prisioneiros eram forçados a entrar em uma caverna e eram asfixiados pela fumaça das fogueiras que os soldados franceses faziam à entrada. Em 1845, por exemplo, Saint-Arnaud assassinou dessa maneira, de uma só vez, 800 membros da tribo Sbeha, na quase totalidade mulheres, crianças e idosos.

19 O marechal Thomas Robert Bugeaud (1784-1849) foi governador-geral da Argélia no período colonial.

20 General Augustin Gérard (1857-1926), como chefe do Estado-Maior do governo colonial de Madagascar entre 1896 e 1905, foi um dos responsáveis pela brutal repressão contra a população malgaxe. Alguns autores afirmam que 700 mil dos 3 milhões de habitantes locais foram mortos na época pelo governo colonial.

21 O autor grafa Ambike, mas a cidade no oeste de Madagascar é mais conhecida como Ambiky. Em agosto de 1896, apesar de ter um acordo de paz com os franceses, Ambiky foi atacada inesperadamente pelas tropas coloniais, e quase toda a sua população foi assassinada.

22 Césaire refere-se ao relato brutal que Pierre Loti (pseudônimo do escritor Louis-Marie-Julien Vlaud, então servindo na Marinha Francesa no Vietnã) faz do que viu da tomada, em agosto de 1883, da cidade vietnamita Thouan-An: "Então o grande massacre começou. Fizemos salvas e dois

exibe na ponta de seus binóculos de oficial um bom massacre de *annami-tas*?[23] Verdade ou mentira? E se esses fatos forem verdadeiros, como não está no poder de ninguém negá-lo, diremos, para minimizá-los, que esses cadáveres não provam nada?

Da minha parte, se evoquei alguns detalhes dessas horrendas carnificinas, não foi por algum deleite melancólico, foi porque acho que não nos livraremos tão facilmente dessas cabeças de homens, dessas colheitas de orelhas, dessas casas queimadas, dessas invasões góticas, desse sangue fumegante, dessas cidades que se evaporam na ponta da espada. Elas provam que a colonização, repito, desumaniza até o homem mais civilizado; que a ação colonial, o empreendimento colonial, a conquista colonial fundada no desprezo pelo homem nativo e justificada por esse desprezo, inevitavelmente, tende a modificar a pessoa que o empreende; que o colonizador, ao acostumar-se a ver o outro como animal, ao treinar-se para tratá-lo como um animal, tende objetivamente, para tirar o peso da consciência, a se transformar, ele próprio, em animal. É essa ação, esse choque em troca da colonização, que é importante assinalar.

Parcialidade? Não. Houve mesmo um tempo em que se envaideciam desses fatos e em que, seguros do amanhã, deixavam isso claro. Uma última citação; eu a empresto de um certo Carl Siger[24], autor de um ensaio sobre colonização:

> Os novos países são um vasto campo aberto a atividades individuais violentas que, na metrópole, se chocariam com certos preconceitos, com uma concepção sábia e regulada da vida, e que, nas colônias, podem se desenvolver mais livremente e, portanto, afirmar melhor seu valor. Assim, as colônias podem, de certa maneira, servir como uma válvula de segurança para a sociedade moderna. Essa utilidade, se fosse a única, já seria imensa.

---

incêndios! E foi um prazer ver esses feixes de balas, tão facilmente dirigíveis, caírem sobre eles duas vezes por minuto, sob o comando metódico e seguro. (...) Vimo-los absolutamente loucos, tomados por uma vertigem de correr. (...) Iam em zigue-zague durante toda a corrida da morte, dobrando-se de uma maneira cômica. (...) e depois nos divertimos contando os mortos".

23 Annan era o nome da colônia francesa na região central do Vietnã. Mas franceses costumavam usar o termo *annamites* depreciativamente, para designar os vietnamitas em geral.

24 Pseudônimo de Charles Régismanset (1877-1945), escritor e também funcionário do Ministère des colonies, o ministério encarregado da administração das colônias francesas. O livro citado é o *Essai sur la colonisation*, de 1907.

Na verdade, existem taras que não podem ser reparadas por ninguém e nunca foram expiadas.

Mas falemos dos colonizados.

Posso ver bem o que a colonização destruiu: as admiráveis civilizações indígenas, e nem Deterding, nem a Royal Dutch, nem a Standard Oil[25] jamais me consolarão dos astecas ou dos incas.

Posso ver claramente aquelas civilizações — condenadas a desaparecer — nas quais introduziu um princípio de ruína: Oceania, Nigéria, Niassalândia[26]. Vejo bem como a colonização contribuiu.

Segurança? Cultura? Jurisdicismo? Enquanto isso, olho e vejo em todos os lugares onde há, cara a cara, colonizadores e colonizados, a força, a brutalidade, a crueldade, o sadismo, o choque e, como paródia da formação cultural, a preparação às pressas de alguns milhares de funcionários subalternos, *boys*[27], artesãos, empregados do comércio e intérpretes necessários para o bom andamento dos negócios.

Eu falei de contato.

Entre colonizador e colonizado, só há espaço para o trabalho forçado, a intimidação, a pressão, a polícia, os impostos, o roubo, o estupro, a imposição cultural, o desprezo, a desconfiança, o necrotério, a presunção, a grosseria, as elites descerebradas, as massas aviltadas.

Nenhum contato humano, porém relações de dominação e submissão que transformam o homem colonizador em peão, em capataz, em carcereiro, em açoite, e o homem nativo em instrumento de produção.

É minha vez de apresentar uma equação: *colonização = coisificação*.

Ouço a tempestade. Falam-me do progresso, das "realizações", das doenças curadas e dos níveis de vida elevados além de si mesmos.

Mas eu falo de sociedades esvaziadas de si mesmas, culturas pisoteadas,

---

25 O holandês Henri Deterding (1866-1939) dirigiu, entre 1900 e 1936, a companhia petrolífera Royal Dutch Shell, mais conhecida simplesmente como Shell. A Standard Oil Company, mais conhecida como Esso, foi a maior empresa de exploração de petróleo.

26 Antigo protetorado britânico, tornou-se independente em 1964, quando passou a se chamar Malawi.

27 Jovem serviçal indígena nos países colonizados.

instituições solapadas, terras confiscadas, religiões assassinadas, magnificências artísticas destruídas, possibilidades extraordinárias suprimidas.

Eles me jogam na cara os fatos, as estatísticas, os quilômetros de estradas, canais e ferrovias.

Mas eu falo de milhares de homens sacrificados na Congo-Océan[28]. Estou falando daqueles que, no momento em que escrevo, estão cavando o porto de Abidjan à mão[29]. Falo de milhões de homens arrancados a seus deuses, suas terras, seus costumes, sua vida, a vida, a dança, a sabedoria.

Estou falando de milhões de homens em quem foram inteligentemente inculcados o medo, o complexo de inferioridade, o tremor, o ajoelhar-se, o desespero, o servilismo.

Dão-me a visão total da tonelagem de algodão ou cacau exportado, acres de oliveiras ou videiras plantadas.

Mas eu falo de economias naturais, economias harmoniosas e viáveis, economias na medida do homem indígena que foram desorganizadas, culturas alimentares destruídas, subnutrição instalada, desenvolvimento agrícola orientado para o benefício único das metrópoles, roubo de produtos, roubo de matérias-primas.

Vangloriam-se dos abusos que foram suprimidos.

Também estou falando dos abusos, mas para dizer que aos antigos — muito reais — sobrepuseram outros — muito detestáveis. Sou informado sobre tiranos locais que foram enquadrados; mas constato que, em geral, eles se dão muito bem com os novos e que, destes aos antigos e vice-versa, um circuito de bons serviços e cumplicidade foi estabelecido em detrimento dos povos.

Falam-me de civilização, eu falo de proletarização e mistificação.

---

28 Linha férrea construída no início do século XX pelo governo colonial francês com trabalho forçado na atual República do Congo. Estima-se que morreram em sua construção mais de 17 mil trabalhadores. Esse recrutamento compulsório de operários motivou a Rebelião Kongo-Wara, que começou como um movimento pacífico de desobediência civil (boicote aos produtos franceses etc.) liderado pelo profeta Barka Ngainoumbey, conhecido como Karnou. Mas devido à violência da repressão colonial, que, inclusive, assassinou Karnou em 1928, acabou tornando-se um movimento armado, que reuniu 350 mil pessoas. A rebelião foi vencida em 1931.

29 Abidjan foi a capital da Costa do Marfim no período em que o país era uma colônia francesa.

De minha parte, faço a apologia sistemática das civilizações para-
-europeias.

Cada dia que passa, cada negação da justiça, cada blitz policial, cada
manifestação operária afogada em sangue, cada escândalo abafado, cada expedição punitiva, cada viatura, cada policial e cada milícia nos fazem sentir
o preço de nossas antigas sociedades.

Eram sociedades comunitárias, nunca de todos para alguns.

Não eram apenas sociedades antecapitalistas, como foi dito, mas também sociedades anticapitalistas.

Eram sociedades democráticas, sempre.

Eram sociedades cooperativas, sociedades fraternas.

Eu elogio sistematicamente as sociedades destruídas pelo imperialismo.

Elas eram o fato, não tinham pretensões de ser a ideia. Apesar de seus
defeitos, não eram nem odiosas nem condenáveis. Elas se contentavam
em ser. Diante delas, não faziam sentido nem a palavra fracasso, nem a
palavra avatar. Elas reservaram, intacta, a esperança. Em vez disso, essas
são as únicas palavras que podemos, com toda a honestidade, aplicar aos
empreendimentos europeus fora da Europa. Meu único consolo é que as
colonizações passam, que as nações dormem apenas por um tempo e que
os povos permanecem.

Dito isso, parece que, em alguns círculos, pretenderam descobrir em
mim um "inimigo da Europa" e um profeta do retorno ao passado *ante-
-europeu*.

De minha parte, procuro em vão a base para discursos semelhantes;
onde subestimei a importância da Europa na história do pensamento humano; onde fui ouvido pregando algum retorno; onde fui visto a afirmar que
poderia haver um retorno.

A verdade é que eu disse algo bem diferente: a saber, que o grande drama
histórico da África foi menos o contato tardio demais com o resto do mundo do
que a maneira como esse contato foi feito; que isso foi no momento em que a Europa caiu nas mãos dos mais inescrupulosos financistas e capitães da indústria;
foi quando a Europa "se propagou"; e nossa falta de sorte foi ter sido essa a Europa
que encontramos em nosso caminho, e que a Europa é responsável perante a
comunidade humana pela maior pilha de cadáveres da história.

Por outro lado, julgando a ação colonizadora, acrescentei que a Europa se deu muito bem com todos os senhores feudais nativos que concordaram em servir; que urdiu com eles uma cumplicidade cruel; que tornou sua tirania mais efetiva e mais eficaz, e que sua ação tendeu a prolongar artificialmente a sobrevivência do passado local no que ele tinha de mais pernicioso.

Eu disse — e isso é muito diferente — que a colonização europeia adicionou o abuso moderno à antiga injustiça; o racismo odioso à velha desigualdade.

Se o que se quer é julgar minha intenção, sustento que a Europa colonizadora é desonesta ao legitimar *a posteriori* a ação colonizadora pelo evidente progresso material realizado em alguns campos do regime colonial, posto que a mutação abrupta é sempre possível, tanto na história como em outros âmbitos; que ninguém sabe em qual estágio do desenvolvimento material esses mesmos países estariam sem a intervenção europeia; que o equipamento técnico, que a reorganização administrativa, que, enfim, a "europeização" da África ou da Ásia foram, como o exemplo japonês prova, em nada relacionados à ocupação europeia; que a europeização dos continentes não europeus poderia ter sido feita de maneira diferente e não sob as botas da Europa; que esse movimento de europeização estava em andamento; que ele foi até desacelerado; de qualquer forma, foi distorcido pelo domínio da Europa.

Uma prova disso é o fato de que atualmente são os nativos da África ou da Ásia que reivindicam as escolas, e é a Europa colonizada que as recusa; é o homem africano quem exige portos e estradas, e é a Europa colonizadora que, nesse assunto, cerceia; é o colonizado quem quer ir adiante, e é o colonizador quem o retarda.

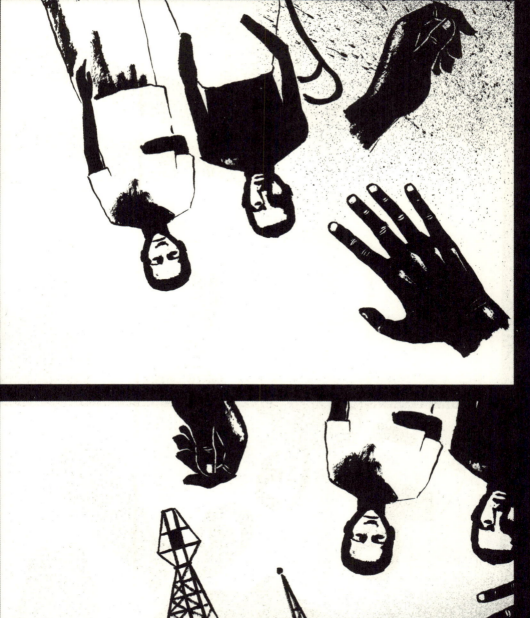

Indo além, não faço segredo de que, para mim, a barbárie da Europa Ocidental é hoje incrivelmente grande, só superada, e muito, apenas por uma: a norte-americana.

E não estou falando de Hitler, do carcereiro ou do aventureiro, mas do "homem de bem", do vizinho; nem da SS, nem do gangster, mas do honesto burguês. A ingenuidade de Leon Bloy[30] já se indignava com o fato de que vigaristas, perjuros, falsários, ladrões e cafetões fossem encarregados de "levar para as Índias o exemplo das virtudes cristãs"[31].

O progresso é que hoje o detentor das "virtudes cristãs" é quem busca — e faz isso muito bem — a honra de administrar no exterior conforme os métodos dos falsários e torturadores.

Repito que não estou falando nem de Hitler, nem da SS, nem do pogrom, nem da execução sumária. Mas daquela reação de surpresa, daquele reflexo admitido, daquele cinismo tolerado. E, se quiserem testemunho, tenho o daquela cena de histeria antropofágica a que me foi dado presenciar na Assembleia Nacional Francesa[32].

---

30 Léon Bloy (1846-1917), escritor católico francês.
31 Trecho de um ensaio de Bloy, "Le Sang du pauvre", de 1909.
32 Com o final da Segunda Guerra Mundial e o colapso dos impérios europeus, iniciou-se um grande debate na França a respeito do que fazer com seu império. Habitantes das colônias

Uau! Meus queridos colegas (como dizem), tiro meu chapéu (meu chapéu de antropófago, é claro).

Pensem nisso! Noventa mil mortos em Madagascar[33]! A Indochina pisoteada, esmagada, assassinada, torturas trazidas do fundo da Idade Média! E que espetáculo! Esse calafrio que vos revigora das sonoléncias! Esses clamores selvagens! Bidault[34] com seu ar de hóstia tirada do lixo — a antropofagia hipócrita e farisaica ; Teitgen[35], filho enxertado do diabo, o Aliboron[36] do descerebramento — a antropofagia das Pandectas[37]; Moutet[38], a antropofagia maquinal, a balada uivante e a cabeça de vento; Coste-Floret[39], a antropofagia feita urso mal lambido chutando a porta.

Inesquecível, senhores! Com belas frases, solenes e frias como ataduras, você amarra o malgaxe. Com algumas palavras protocolares, você o esfaqueia. Enquanto tomam um drinque, o estripam. Belo trabalho! Nem uma gota de sangue será perdida!

Quem lambe os rubis na unha[40], nunca coloca água. Aqueles que, como

---

passaram a ter direitos que antes eram exclusivos dos franceses e, na Assembleia Nacional, representantes dos diversos povos, em geral alinhados com a esquerda marxista, enfrentavam a direita por mais igualdade e autonomia. Na Assembleia, Aimé Césaire era representante da Martinica. E seu amigo Léopold Senghor representante do Senegal. Foi por iniciativa de Césaire que, em 1946, aprovou-se uma lei que deu a algumas das antigas colônias o status de "departement", uma subdivisão territorial equivalente a dos estados no Brasil.

33 Para reprimir a revolta de Madagascar (1947-1948) o governo colonial francês assassinou dezenas de milhares de pessoas.

34 Ver nota 4.

35 Pierre-Henri Teitgen (1908-1997) político democrata-cristão francês.

36 Asno de uma fábula de La Fontaine.

37 Pandectas, também conhecido como Digesto, é o grande compilado do direito romano. Foi escrito no século VI por ordem do imperador Justiniano. Redescoberto no século XII, serviu de base para o direito moderno.

38 Marius Moutet (1876-1968) foi Ministro das Colônias, defensor de uma "colonização democrática" e, apesar de pertencer ao Partido Socialista, foi quem ordenou o massacre da revolta de Madagascar.

39 Paul Coste-Floret (1911-1979) político democrata-cristão. Também foi Ministro das Colônias, cargo rebatizado com o nome ministre des Outre-mer depois de 1946.

40 Antiga expressão francesa, que significa "beber até a última gota do vinho": lamber a gota do vinho (da cor rubi) que sobrou na ponta do dedo. Ou seja, quem faz isso não é o tipo que iria querer diluir seu vinho com água.

Ramadier[41], enchem a cara — feito Sileno[42]; Fonlup-Espéraber[43], que cuida de seus bigodes, como um velho gaulês-de-cabeça-redonda[44]; o velho Desjardins[45] inclinando-se para cheirar o barril e deliciando-se como se fosse de vinho doce. Que violência essa dos fracos! Não é pela cabeça que as civilizações apodrecem. É, antes de tudo, pelo coração.

Admito que, pela boa saúde da Europa e da civilização, esses "mata! mata!", esses "devem sangrar" arrotados pelo velhote trêmulo e pelo bom jovem, aluno de bons padres, impressionam-me de forma muito mais desagradável do que o mais sensacional assalto a um banco parisiense.

E isso, vejam, não tem nada de exceção.

A regra, pelo contrário, é a grosseria burguesa. Essa grosseria, nós a rastreamos por um século. Examinamos, surpreendemos, sentimos, seguimos, perdemos, encontramos, corremos, e ela se espalha, cada vez mais nauseabunda, todos os dias. Oh! O racismo desses senhores não me ofende. Ele não me indigna. Eu apenas tomo conhecimento dele. Eu o constato, é isso. Sou quase grato a eles por se expressarem e aparecerem em público, um sinal. Sinal de que a intrépida classe que uma vez se lançou ao ataque contra a Bastilha dobrou as pernas. Sinal de que ela se sente mortal. Sinal de que ela se sente um cadáver. E quando o cadáver balbucia, saem coisas como estas:

> Não havia mais que muita verdade neste primeiro impulso de europeus que se recusaram, no século de Colombo, a reconhecer como companheiros os homens degradados que povoavam o Novo Mundo. (...) Não se poderia fixar por um momento seus olhares sobre o selvagem e deixar de ler o anátema escrito, não digo apenas em sua alma, mas até na forma externa de seu corpo.

---

41 Paul Ramadier (1888-1961), político do Partido Socialista.

42 Na mitologia grega, Sileno é um sátiro, pai adotivo e mentor de Dioníso, e o mais beberrão dos companheiros do deus.

43 Jacques Fonlupt-Espéraber (1886-1980), político democrata-cristão francês. "No fundo não é mau sujeito, como em seguida provou. Mas estava muito exaltado naquele dia", anota Aimé Césaire.

44 Referência a um trecho do "Marche lorraine", clássico hino nacionalista militarista composto em 1892 por Louis Ganne (1862-1923).

45 Charles Desjardins (1878-1951).

E está assinado Joseph de Maistre[46]. (Isso é o que vem da moenda mística).

E ainda vai dar nisto:

> Do ponto de vista da seleção natural, classificaria como lamentável o grande desenvolvimento numérico dos elementos amarelos e pretos, o que seria difícil de eliminar. Se, no entanto, a sociedade futura estiver organizada em uma base dualística, *com uma classe dólico-loira e uma classe de raça inferior confinada à força ao trabalho mais grosseiro, é possível que este último papel seja reservado a elementos amarelos e pretos. Não devemos esquecer que* [a escravidão] *não tem nada de mais anormal do que a domesticação do cavalo ou do boi.* Além disso, nesse caso, não seriam um embaraço, mas uma vantagem para o dólico-loiro. (...) Portanto, é possível que reapareça no futuro de alguma forma. Provavelmente isso acontecerá de maneira inevitável se a solução simplista não intervier: uma única raça superior, nivelada pela seleção.

Esse vem da moenda cientificista e está assinado por Lapouge[47]. E ainda dá nisso (desta vez, moenda literária):

> Sei que devo me considerar superior aos pobres *bayas*48 do Mambéré49. Eu sei que devo ter orgulho do meu sangue. Quando um homem superior deixa de acreditar que é superior, ele deixa de ser superior. (...) Quando uma raça superior deixa de acreditar que é uma raça eleita, efetivamente deixa de ser uma raça eleita.

E isso está assinado Psichari-soldado-da-África[50].

---

46 Joseph de Maistre (1753-1821) escritor e político reacionário francês. Anti-iluminista, anti-democrático, monarquista, católico, defensor da Inquisição e da tortura, Maistre tornou-se uma referência importante para os direitistas que conseguem ler livros.

47 Georges Vacher de Lapouge (1854-1936) foi antropólogo e teórico do eugenismo. Fez parte de uma corrente positivista e racista dentro do movimento socialista do final do século XIX e início do século XX.

48 Também se usa grafar gbaya. Povo do oeste da República Centro-Africana.

49 Rio da República Centro-Africana.

50 Escritor e militar, Ernest Psichari (1883-1914) era neto de Ernest Renan, morreu na Primeira Guerra Mundial e tornou-se um herói da direita militarista francesa. Charles De Gaulle, por exemplo, era fã.

Traduzido em patoá jornalístico, obtém-se Faguet[51]:

> Apesar de tudo, o bárbaro é da mesma raça que os romanos e os gregos. É um primo. O amarelo, o preto não são nossos primos. Aqui há uma diferença real, uma distância verdadeira, etnológica. Afinal, a civilização só foi feita até agora pelos brancos. (...) Se a Europa ficar amarela, então certamente haverá uma regressão, um novo período de obscurantismo e confusão, ou seja, uma segunda Idade Média.

E então, mais abaixo, cada vez mais abaixo, até o fundo do poço, mais baixo do que a pá pode alcançar, o sr. Jules Romains[52], da Academia Francesa e da *Revue des Deux Mondes* (não importa, é claro que o sr. Farigoule mude seu nome mais uma vez — e aqui se faça chamar Salsette pela conveniência da situação[53]). O essencial é que o sr. Jules Romains chegou a escrever o seguinte:

> Só aceito a discussão com pessoas que concordem com a seguinte hipótese: uma França tendo em seu território metropolitano 10 milhões de negros, incluindo 5 ou 6 milhões no vale do Garonne[54]. O preconceito racial não afetaria nossas bravas populações do sudoeste? Não haveria inquietação se fosse cogitado entregar todos os poderes a esses negros, filhos de escravos? Aconteceu-me ter diante de mim uma fileira de cerca de vinte negros puros(...) nem sequer censurarei nossos negros e negras por mascar chiclete. Observarei apenas(...) que esse movimento tem o efeito de valorizar as mandíbulas e que as evocações que lhes vêm à mente os aproximam mais da floresta equatorial do que da procissão das Panateneias[55]. (...) A raça negra ainda não deu e nunca dará um Einstein, um Stravinsky, um Gershwin.

Comparação idiota por comparação idiota: já que o profeta da *Revue des Deux Mondes* e de outros lugares nos convida a conexões "distantes", permita ao negro que eu sou considerar — sem que ninguém seja dono

---

51 Émile Faguet (1847-1916), escritor e crítico literário. Membro da Academia Francesa de Letras.
52 Jules Romains, pseudônimo do escritor Louis Farigoule (1885-1972).
53 Albert Salsette é o alter-ego de Romains em alguns de seus livros.
54 Rio que banha o sudoeste da França.
55 Antigo festival ateniense em honra da deusa Palas Atena. Equivalente dos Jogos Olímpicos.

das associações de ideias — que sua voz tem menos a ver com o carvalho, ou mesmo com os caldeirões de Dodona[56], do que com o zurro dos burros do Missouri.

Mais uma vez, faço sistematicamente a apologia de nossas antigas civilizações negras: eram civilizações corteses.

E então, me dirão, o verdadeiro problema é voltar atrás. Não, repito. Não somos os homens do "ou isto ou aquilo". Para nós, o problema não é uma tentativa utópica e estéril de reduplicação, mas uma superação. Não é uma sociedade morta que queremos reviver. Deixemos isso para os amantes do exotismo. Tampouco é a atual sociedade colonial que queremos prolongar, a mais podre que já apodreceu ao sol. É uma nova sociedade de que precisamos, com a ajuda de todos os nossos irmãos escravos, para criar, rica com todo o poder produtivo moderno, acolhedora como toda a fraternidade antiga.

Que isso seja possível, a União Soviética nos dá alguns exemplos.

Mas voltemos ao sr. Jules Romains.

Não se pode dizer que o pequeno-burguês não tenha lido nada. Pelo contrário, ele leu tudo, devorou tudo. Acontece que seu cérebro funciona como alguns dispositivos digestivos do tipo elementar. Filtra. E o filtro deixa passar apenas o que pode alimentar a boa consciência burguesa.

Os vietnamitas, antes da chegada dos franceses em seu país, eram pessoas de cultura antiga, requintada e refinada. Esse lembrete aborrece o Banco da Indochina[57]. Façam a máquina de esquecimento funcionar!

Esses malgaxes, hoje torturados, eram, há menos de um século, poetas, artistas, administradores? Silêncio! Boca costurada! E o silêncio é profundo como um cofre forte!

Felizmente restam os negros. Ah, os negros! Vamos falar sobre os negros!

Bem, sim, vamos falar disso.

---

56 Antigo santuário grego que surgiu a partir de caldeirões que circundavam um carvalho sagrado.

57 Banco privado criado em Paris em 1875 para administrar os negócios franceses nas colônias do Extremo Oriente.

Impérios sudaneses[58]? Bronzes do Benin? Escultura Shongo? Ótimo, será a oportunidade para escapar das tantas quinquilharias sensacionais que adornam capitais europeias. Música africana. Por que não?

E o que disseram, o que viram os primeiros exploradores... Não aqueles que comem nos estábulos das companhias exploradoras! Mas os d'Elbée[59], os Marchais[60], os Pigafetta[61]! E então Frobenius! Ei, sabe quem é, Frobenius[62]? E vamos ler juntos:

"Civilizados até a medula dos ossos! A ideia do negro bárbaro é uma invenção europeia."

O pequeno-burguês não quer ouvir mais nada. Com um movimento de orelhas, ele afugenta a ideia.

A ideia, a mosca inoportuna.

58 Os impérios de Gana, Mali e Songai se desenvolveram às margens dos rios Níger e Senegal, numa região conhecida pelos árabes como Bilad al sudan ("Terra dos negros"). Foram reinos muito prósperos, ricos em ouro e, por séculos, durante a Idade Média, mantiveram intenso comércio com países islâmicos com a Europa. Construíram uma vasta malha viária e cidades famosas, como Timbuktu, onde ficava a universidade de Sankore Madrash. Apesar de serem conhecidos como "impérios sudaneses" seu território não coincide com o do atual Sudão.

59 François D'Elbée ou Delbée (1643-171?), comissário da marinha francesa, publicou um diário de sua viagem a Guiné em 1669.

60 Césaire provavelmente se refere às anotações recolhidas pelo padre Jean-Baptiste Labat (1663-1738) no livro *Voyage du Chevalier Demarchais en Guinee, îles voisines et à Cayenne*, de 1730.

61 O italiano Antonio Pigafetta (1491 ou 1492-1531) pagou (e muito) para participar da expedição de volta ao mundo organizada por Fernão de Magalhães. Fez um registro minucioso do que viu e ouviu na viagem, da qual foi um dos poucos sobreviventes. Seu descendente, Fillipo Pigafetta (1533-1604), também foi um aventureiro e historiador, tendo deixado um relato sobre a África, *Relatione del Reame di Congo et delle circonvicine contrade tratta dalli scritti & ragionamenti di Odoardo Lopez Portoghese*, escrito a partir de anotações do explorador português Duarte Lopez.

62 Os estudos e descobertas do etnógrafo alemão Leo Frobenius (1873-1938) entusiasmaram Césaire, Léopold Senghor e os outros jovens do grupo Negritude.

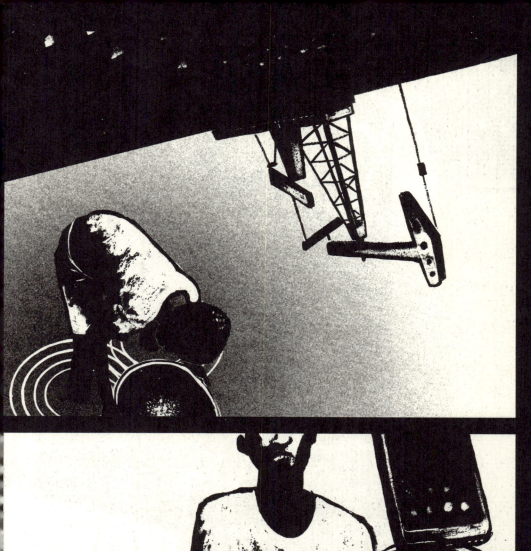

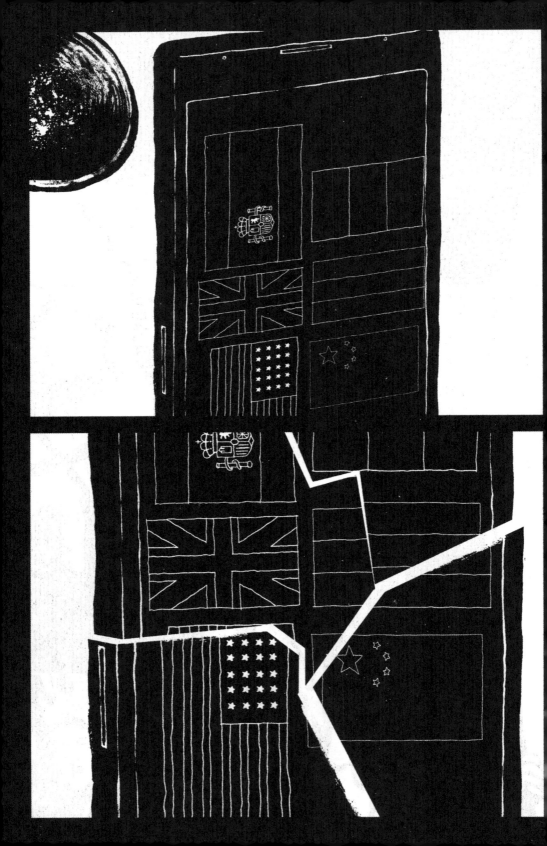

Então, camarada, perceba — de maneira altiva, lúcida e consistente — como teus inimigos não apenas os governadores sádicos e prefeitos torturadores, não apenas os colonos flageladores e banqueiros gananciosos, não apenas pomposos políticos lambendo cheques e magistrados à venda, mas, da mesma forma e da mesma maneira, jornalistas venenosos, acadêmicos boçais endollardados de tolices, etnógrafos metafísicos e dogonados[63], teólogos excêntricos e belgas, intelectuais tagarelas, fedendo à coxa de Nietzsche[64] ou calândares-filhos-de-rei[65] caídos de não se sabe qual Pléiade[66], os paternalistas, os

---

63 Césaire se refere ao etnógrafo Marcel Griaule (1898-1956), que teria exagerado em suas elucubrações místicas nos estudos a respeito do povo dogon (África Ocidental).
64 No original: "puants de la cuisse de Nietzsche". "Puant" tem o sentido de "fedido", mas também de "pretensioso". Césaire refere-se sarcasticamente a um mito muito caro a Nietzsche: o do nascimento do deus Dioniso. A princesa Sêmele pediu ao seu amante, o poderoso Zeus, que se mostrasse em todo o seu esplendor, mas ela morreu fulminada diante de tal visão. Sêmele estava grávida, então o papai Zeus arrancou o feto do ventre dela e o inseriu na própria coxa, onde o bebê Dioniso completou sua gestação e nasceu forte e sadio.
65 Em *Mil e uma Noites*, três calândares (monges islâmicos, dervixes) caolhos contam suas trágicas histórias de príncipes caídos em desgraça.
66 Plêiade é o nome de uma constelação e também passou a designar pequenos grupos de intelectuais "estelares", mas aqui Césaire faz referência ao romance *Les Pléiades* (de 1874), do ideólogo racista Arthur Gobineau. No romance, três aristocratas (um francês, um alemão e um inglês) lamentam a democracia e outros desprezíveis males da decadência ocidental. Em um momento do livro eles se definem: "nós somos três calândares, filhos de reis". Esse trecho

que dão beijinhos, os corruptos, os que dão tapinhas nas costas, os amantes do exotismo, os divisores, os sociólogos agrários, os adormecedores, os mistificadores, os farsantes e, de maneira geral, todos aqueles que, desempenhando seu papel na sórdida divisão do trabalho em defesa da sociedade ocidental e burguesa, estão tentando de várias maneiras, e por uma infame diversão, desintegrar as forças do Progresso — até mesmo negar a própria possibilidade do Progresso — todos os capangas do capitalismo, todos os apoiadores declarados ou envergonhados do colonialismo saqueador, todos responsáveis, todos odiosos, todos negreiros, todos sujeitos agora a agressões revolucionárias. E que sejam varridos todos os obscurecedores, todos os inventores de subterfúgios, todos os charlatões mistificadores, todos os manipuladores do nonsense. E que não se perca tempo tentando saber se esses senhores estão pessoalmente de boa ou má- fé, se estão pessoalmente bem ou mal intencionados, se são pessoalmente, ou seja, em sua consciência íntima de Pedro ou Paulo, colonialistas ou não: o ponto essencial é que sua muito aleatória boa-fé subjetiva é irrelevante diante do significado objetivo e social do mau trabalho que fazem como cães de guarda do colonialismo.

E nessa ordem de ideias, cito, a título de exemplos (escolhidos em disciplinas bem diferentes):

- De Gourou[67], seu livro: *Les Pays tropicaux* (*Os países tropicais*), no qual, entre apenas algumas opiniões corretas, expressa sua tese fundamental, parcial e inadmissível, de que nunca houve uma grande civilização tropical, só houve grande civilização no clima temperado, que, em qualquer país tropical, o germe de uma civilização vem e só pode vir de uma região extratropical, de outros lugares, e que, nos países tropicais, pesa, na ausência da maldição biológica dos racistas, ao menos e com as mesmas consequências, uma maldição geográfica não menos eficaz.

---

inteiro é um ataque de Césaire contra o crítico literário e escritor Roger Caillois, que era um especialista em Nietzsche e fez parte de pelo menos uma "plêiade": foi um dos fundadores do coletivo Collège de Sociologie, junto com Georges Bataille e Michel Leiris. Mais adiante, Césaire volta à carga, e mais abertamente, contra Caillois.

67 Pierre Gourou (1900-1999), geógrafo francês especialista em Ásia e África. Foi, com Claude Lévi-Strauss, fundador da revista *L'Homme, revue française d'anthropologie*, em 1961. Seu livro *Les Pays tropicaux: principes d'une géographie humaine et économique* foi publicado em 1947.

- O reverendo Tempels[68], missionário e belga, com sua *Filosofia bantu*[69] enlameada e mefítica a não poder mais, mas descoberta em tempo hábil, como o hinduísmo por outros, para atacar o "materialismo comunista", que ameaça, ao que parece, fazer dos negros "vagabundos morais".

- Historiadores ou romancistas da civilização (é tudo a mesma coisa), não esse ou aquele, mas todos ou quase, sua falsa objetividade, seu chauvinismo, seu racismo furtivo, sua paixão cruel ao negar às raças não brancas, singularmente às raças melanianas, todos os méritos, sua monomania para monopolizar em benefício próprio toda a glória.

- Os psicólogos, sociólogos, etc., com suas opiniões sobre o "primitivismo", suas investigações direcionadas, suas generalizações interesseiras, suas especulações tendenciosas, sua insistência no caráter à parte, o caráter "separado" dos não brancos, sua negação pelas necessidades da causa, ao mesmo tempo que todos esses senhores acusam a fraqueza do pensamento primitivo, a partir do racionalismo mais fechado, com sua bárbara negação da frase de Descartes, carta guia do universalismo: de que "a razão(...) está inteiramente em cada um" e "que só existe um mais ou menos entre os acidentes e não entre as formas ou naturezas de indivíduos da mesma espécie"[70].

Mas vamos devagar. Vale a pena seguir alguns desses senhores.

Não vou me debruçar sobre o caso dos historiadores, ou dos historiadores da colonização ou dos egiptólogos, sendo o caso dos primeiros

---

68 Placide Tempels (1906-1977) foi um missionário franciscano conhecido pelo livro *La filosophie bantoue*, de 1945. Certamente é a ele que Césaire se referiu há pouco ao falar dos "teólogos excêntricos e belgas".

69 TEMPELS, R. P. Placide. Filosofia Bantu. Tradução de Amélia A. Mingas e Zavoni Ntondo. Luanda (Angola): Edições de Angola, Faculdade de Letras da UAN, 2016 (137 p.).

70 "Quanto a mim, jamais presumi que meu espírito fosse em nada mais perfeito do que os do comum; amiúde desejei mesmo ter o pensamento tão rápido, ou a imaginação tão nítida e distinta, ou a memória tão ampla ou tão presente, quanto alguns outros. E não sei de quaisquer outras qualidades, exceto as que servem à perfeição do espírito; pois, quanto à razão ou ao senso, posto que é a única coisa que nos torna homens e nos distingue dos animais, quero crer que existe inteiramente em cada um, e seguir nisso a opinião comum dos filósofos, que dizem não haver mais nem menos senão entre os acidentes, e não entre as formas ou naturezas dos indivíduos de uma mesma espécie" René Descartes, *Discurso do método*. Tradução de J. Guinsburg e Bento Prado Júnior. In: *Os Pensadores*. São Paulo: Abril Cultural, 1973.

muito óbvio, e no caso dos segundos o mecanismo de sua mistificação ter sido definitivamente desmantelado por Cheikh Anta Diop, em seu livro *Nations nègres et culture*,[71] o mais ousado que um negro escreveu até agora e que contribuirá, sem dúvida, para o despertar da África.

Melhor recuar. Ao sr. Gourou, exatamente.

É preciso que eu diga que é lá do alto que o eminente cientista olha para baixo e vê as populações nativas que, segundo ele, "não tiveram nenhuma participação" no desenvolvimento da ciência moderna? E que não é do esforço dessas populações, de sua luta libertadora, de sua luta concreta pela vida, liberdade e cultura, que virá a salvação dos países tropicais, mas do bom colonizador; pois a lei é clara: "são elementos culturais preparados em regiões extratropicais que garantem e asseguram o progresso das regiões tropicais em direção a uma população maior e uma civilização mais elevada".

Eu disse que há pontos de vista justos no livro de Gourou: "O ambiente tropical e as sociedades indígenas", escreve ele, avaliando a colonização, "sofreram com a introdução de técnicas inadequadas, corveias, deslocamentos, trabalho forçado, escravidão, transplante de trabalhadores de uma região

---

71 O historiador, físico, antropólogo e líder político senegalês Cheikh Anta Diop (1923-1986) provocou uma certa revolução na historiografia africana ao sustentar que as civilizações surgidas na África pré-colonial foram criações da própria população negra e não importadas por povos brancos. Causou especial escândalo Diop afirmar, no livro *Nations nègres et culture* (1954) que a civilização egípcia era negra, que os faraós eram negros. A simples existência de tal hipótese era já inaceitável para a historiografia eurocêntrica, segundo a qual civilização "é coisa de branco". Césaire saiu em defesa de Diop: "Heródoto afirmou que os egípcios eram originalmente apenas uma colônia dos etíopes; Diodoro da Sicília disse a mesma coisa e, mais, retratou os etíopes de maneira a não haver engano (*Plerique omnes* — para citar a tradução para o latim — *nigro sunt color, facie sima, crispis capilis*, livro III, 3). Era essencial combatê-los. Dito isso, quase todos os estudiosos ocidentais deliberadamente se propuseram a sequestrar o Egito da África, mesmo que se torne impossível explicá-lo. E para isso valeram-se de diversas ferramentas: o método Gustave Le Bon, brutal e desavergonhado: 'os egípcios são camitas, ou seja, brancos como os lídios, gétulos, mouros, númidas, berberes'; o método Maspero, que consiste em associar, contra toda a verossimilhança, a língua egípcia às línguas semíticas, mais especialmente o hebraico e o aramaico, de onde saca a conclusão de que os egípcios eram semitas; o método Weigall, geográfico, segundo o qual a civilização egípcia não pode nascer senão no Baixo Egito (norte do país) e de lá ter subido para o Alto Egito (na direção do interior africano) contra o fluxo do Nilo, já que, segundo Weigall, era impossível descer. É preciso compreender que a razão secreta para tal impossibilidade é que o Baixo Egito está próximo do Mediterrâneo e, portanto, das populações brancas, enquanto o Alto Egito está próximo do país dos negros... Aliás, em oposição às teses de Weigall, é interessante lembrar que, segundo Schweinfurth (em *Au couer de l'Afrique*, tomo 1), a origem da flora e fauna do Egito se situa 'a centenas de milhas rio acima'".

para outra, mudanças repentinas no ambiente biológico, condições especiais novas e menos favoráveis."

Palmas para ele! Veja a cara do reitor! A cara do ministro quando lê isso! Nosso Gourou se joga; é isso. Ele dirá tudo, ele começa: "Os países quentes típicos enfrentam o seguinte dilema: estagnação econômica e salvaguarda dos nativos ou desenvolvimento econômico provisório e regressão dos nativos". "Sr. Gourou, isso é muito sério! Eu lhe aviso, solenemente, que está em jogo sua carreira." Então nosso Gourou escolhe encolher-se, omitir-se de especificar que, se o dilema existe, existe apenas dentro da estrutura do regime existente; que se tal antinomia é uma lei inexorável, é a lei inexorável do capitalismo colonialista, de uma sociedade, portanto, não só perecível, como já perecendo.

Geografia impura — e tão secular!

Se há algo melhor, é a do reverendo Tempels. Que se saqueie, que se torture o Congo, que o colonizador belga apodere-se de toda a riqueza, mate toda a liberdade, oprima todo o orgulho — que se vá em paz, o reverendo Tempels a tudo consente. Mas tenha cuidado! Você esta indo para o Congo? Então tenha respeito, não pela propriedade nativa (as grandes empresas belgas poderiam confundir tal respeito com uma pedra atirada contra suas vidraças), não pela liberdade dos nativos (os colonos belgas poderiam achar subversivo esse comentário), não à pátria congolesa (é provável que o governo belga tome isso como ofensa) — eu digo: se forem ao Congo, respeitem a filosofia bantu. "Seria realmente inadequado", escreve o R. P. Tempels, "que o educador branco persista em matar no homem negro seu próprio espírito humano, a única realidade que nos impede de considerá-lo um ser inferior! Seria um crime de lesa-humanidade, por parte do colonizador, emancipar as raças primitivas daquilo que nelas é valoroso, do que constitui um núcleo de verdade em seu pensamento tradicional..." etc.

Que generosidade, meu Pai! E que zelo!

Então aprendam que o pensamento bantu é essencialmente ontológico; que a ontologia bantu é baseada nas noções verdadeiramente essenciais de força vital e hierarquia de forças vitais; que para o bantu, enfim, a ordem ontológica que define o mundo vem de Deus[72] e, por decreto divino, deve ser respeitada.

---

72 É bom dizer que Césaire não entra numa discussão a respeito do que seria uma verdadei-

Que admirável! Todo mundo ganha: as grandes empresas, os colonos e o governo. Todo mundo ganha, menos o bantu, naturalmente!

Sendo o pensamento bantu ontológico, o bantu só pede satisfação de ordem ontológica. Salários decentes?! Habitações confortáveis?! Comida?! Esses bantus são espíritos puros, eu vos digo: "O que eles desejam acima de tudo não é a melhoria de sua situação econômica ou material, mas o reconhecimento pelo homem branco, seu respeito à sua dignidade humana, seu pleno valor humano."

Em suma, tirar o chapéu para a força vital bantu, uma piscadela para a alma imortal bantu. E está tudo certo! Confesse que saiu barato.

Quanto ao governo, do que reclamar? Posto que, como observa o reverendo Tempels com óbvia satisfação, "Desde o primeiro contato, os bantus consideram a nós, brancos, do seu ponto de vista possível, aquele de sua filosofia bantu" e *"nos integraram, em sua hierarquia de seres-força, em um escalão muito alto."*

Em outras palavras, consigam que no topo da hierarquia das forças vitais bantu estejam os brancos e, especialmente, os belgas e, mais especialmente ainda. Alberto ou Leopoldo[73], e a jogada está feita. Obteremos esta maravilha: *o Deus bantu garantirá a ordem colonial belga e sacrificará qualquer bantu que se atrever a enfrentá-la.*

Quanto ao sr. Mannoni[74], suas considerações sobre a alma malgaxe e seu livro merecem atenção especial.

---

ra "filosofia bantu". Ele anota: "Está claro, aqui, que não se examina a filosofia bantu, mas a utilização que alguns, com um objetivo político, tentam fazer dela". O objetivo declarado de Tempels, por exemplo, para estudar o que entende como "filosofia bantu" é no sentido de melhor realizar seu trabalho de evangelização. Como tantos missionários antes e depois dele, estudou as línguas indígenas: para traduzir e impor a Bíblia aos "selvagens". Um exemplo de seu livro: "Se os bantus não evoluírem pela civilização cristã, não evoluirão por nenhuma outra civilização (...) Assim como o cristianismo foi capaz de educar a civilização ocidental, ele contém na verdade de sua doutrina os recursos para promover a cristianização e criação da civilização bantu".

73 Dos sete reis que a Bélgica teve desde sua independência, em 1831, três deles chamaram-se Leopoldo, e dois, Alberto.

74 O psicanalista e etnólogo Octave Mannoni (1899-1989), amigo de Jacques Lacan, defende em seu livro *Psychologie de la colonisation* (1950) a existência de uma certa predisposição à submissão por parte dos povos colonizados. Frantz Fanon até vê alguma "sinceridade" na pesquisa de Mannoni, mas Césaire não perdoa.

Sigamo-lo passo a passo nas idas, e vindas e vindas e idas, de seus pequenos truques, e ele mostrará, claro como o dia, que a colonização é fundada na psicologia; que existem no mundo grupos de homens atingidos, não se sabe como, por um complexo que deve ser chamado complexo de dependência, que esses grupos são psicologicamente feitos para serem dependentes; que eles precisam da dependência, que eles suplicam por ela, exigem, reivindicam; que este é caso o da maioria dos povos colonizados, malgaxes em particular.

Chega de racismo! Chega de colonialismo! Cheira demais a barbárie. Mannoni tem melhor: psicanálise. Embelezados com o existencialismo, os resultados são surpreendentes: os lugares comuns mais banais são reformulados e reformados; os preconceitos mais absurdos, explicados e legitimados; e, magicamente, os gatos se tornam lebres.

Ouçam-no:

> O destino do ocidental está na obrigação de obedecer à ordem: *você deixará seu pai e sua mãe*. Essa obrigação é incompreensível para os malgaxes. Todo europeu, em um momento de seu desenvolvimento, descobre em si o desejo(...) de romper com sua dependência, de ser igual ao pai. Os malgaxes, nunca! Ele ignora a rivalidade com a autoridade paterna, o 'protesto viril', a inferioridade adleriana, provas pelas quais o europeu deve passar e quais são como formas civilizadas (...) de ritos de iniciação pelos quais se alcança a virilidade(...)

Que as sutilezas do vocabulário, que a nova terminologia não o assustem! Você conhece a refrão: "Os negros são crianças grandes". Pegam isso, vestem isso, enfeitam isso. O resultado é Mannoni. Mais uma vez, fiquem tranquilos! Inicialmente, pode parecer um pouco doloroso, mas na chegada você verá que vai encontrar toda a sua bagagem. Nada vai faltar, nem mesmo o famoso fardo do homem branco[75]. Então, ouça:

---

75 "The White Man's Burden", título do mais famoso poema do britânico Rudyard Kipling (1865-1936). Escrito no final do século XIX, é uma ode ao imperialismo e exorta os Estados Unidos a assumir as Filipinas como sua colônia. Para o escritor, o colonialismo representou antes de tudo um gesto de altruísmo dos brancos, que sacrificaram seu conforto para levar a civilização às ingratas raças inferiores: "Tomai o fardo do homem branco/ Enviai vossos melhores filhos/ Ide, condenai seus filhos ao exílio/ Para servirem aos vossos cativos/ Para esperarem, com o pesado chicote/ os agitadores e selvagens/ Vossos cativos, povos sombrios/ Metade demônios, metade crianças..." E vai por aí.

"Por essas provações (*reservadas ao ocidental* [A.C.]), superamos o medo infantil do abandono e adquirimos liberdade e autonomia, bens supremos e também encargos do ocidental. (...)"[76]

E os malgaxes? — pergunta você. Raça servil e mentirosa, diria Kipling. Mannoni diagnostica: "O malgaxe nem tenta imaginar uma situação de abandono. (...) Ele não quer autonomia pessoal nem responsabilidade livre". (Você sabe, veja bem, esses negros nem imaginam o que é liberdade, eles não a querem, não a reivindicam, são os agitadores brancos que enfiam isso em suas cabeças, se a dermos aos negros, eles não saberão o que fazer).

Se for observado ao sr. Mannoni que os malgaxes se revoltaram várias vezes desde a ocupação francesa e, novamente, em 1947, o sr. Mannoni, fiel às suas premissas, explicará que isso é um comportamento puramente neurótico, uma loucura coletiva, um ataque de *amok*[77]; além disso, nas circunstâncias, não era uma questão para os malgaxes a conquista de bens reais, mas uma "segurança imaginária", o que obviamente implica que a opressão de que reclamam é uma opressão imaginária. Tão clara, tão loucamente imaginário, que não é proibido falar de ingratidão monstruosa, de acordo com o tipo clássico do fijiano que queima o secador do capitão que o curou de suas feridas[78].

Se você critica o colonialismo, que força o povo mais pacífico a se desesperar, o sr. Mannoni explica que, afinal, o responsável não é o branco

---

76 No final de "O Fardo do Homem Branco": "Tomai o fardo do Homem Branco!/ Acabaram-se os dias de criança/ Os leves louros ofertados/ O louvor fácil e glorioso/ Vinde agora, para alcançar sua virilidade/Através de todos os anos ingratos/ Frio, afiado com a sabedoria tão desejada/ O julgamento de vossos pares."

77 A palavra tem origem no termo malaio *meng-âmok*, para ataque de loucura homicida. Explosão súbita de ira que faz a pessoa afetada atacar e matar indiscriminadamente todas as pessoas e os animais que apareçam à sua frente.

78 Césaire faz referência a relatos do missionário britânico Thomas Williams (1815-1891) que Mannoni usa para exemplificar a complexidade da dependência psicológica dos colonizados: um habitante das ilhas Fiji, depois de ser tratado de certo problema de saúde por Williams, em vez de oferecer alguma retribuição, exigiu ser alimentado e, depois de alimentado, exigiu roupas e, depois de vestido, passou a ofender o missionário. "Ele passou a me insultar quando eu não atendia a seus pedidos irracionais", conta Williams, que cita outro caso, de um fijiano que retribuiu a generosidade do capitão que o curou queimando a estrutura que seu benfeitor usava para fazer a secagem de peixes. O prejuízo, o escandalizado missionário cristão faz questão de registrar, foi de 300 dólares.

colonialista, mas o malgaxe colonizado. Que diabos! Eles tomaram os brancos por deuses e esperaram deles tudo o que é esperado da divindade!

Se você achar que o tratamento aplicado à neurose malgaxe foi um pouco duro, o sr. Mannoni, que tem resposta para tudo, lhe provará que as famosas brutalidades de que falamos foram muito exageradas, que estamos ali em plena ficção (...) neurótica, que as torturas eram torturas imaginárias aplicadas por "torturadores imaginários". Quanto ao governo francês, este foi especialmente moderado, já que se contentou em prender os deputados malgaxes, quando deveria tê-los *sacrificado* se quisesse respeitar as leis de uma psicologia sadia.

Não estou exagerando nada. É o sr. Mannoni quem fala: "Seguindo caminhos muito clássicos, esses malgaxes transformaram seus santos em mártires, seus salvadores, em bodes expiatórios; eles queriam lavar seus pecados imaginários no sangue de seus próprios deuses. Eles estavam prontos, mesmo a esse preço, ou melhor, apenas a esse preço, a reverter sua atitude mais uma vez. Uma característica dessa psicologia dependente parece ser que, como ninguém pode ter dois mestres, um deve ser sacrificado ao outro. A porção mais agitada dos colonialistas de Tananarive[79] compreendeu, ainda que de maneira confusa, a maior parte dessa psicologia do sacrifício e reivindicou suas vítimas. Eles cercaram o Alto Comissariado, assegurando que, se recebessem o sangue de algumas pessoas inocentes, 'todos ficariam satisfeitos'. Essa atitude, humanamente desonrosa, *foi baseada em uma percepção bastante correta dos problemas emocionais pelos quais a população das terras altas estava passando.*"

A partir daí, para absolver os colonialistas sedentos de sangue, basta apenas um passo. A "psicologia" de Mannoni é tão "imparcial" e "livre" quanto a geografia do sr. Gourou ou a teologia missionária do reverendo Tempels!

E aqui está a impressionante unidade de tudo isso, a perseverante tentativa burguesa de reduzir os problemas mais humanos a noções confortáveis e vazias: a *ideia* do complexo de dependência em Mannoni, a *ideia* ontológica no R. P. Tempels, a *ideia* de "tropicalidade" em Gourou. O que acontece com o Banco da Indochina em tudo isso? E o Banco de Madagascar? E o chicote?

---

79 Antigo nome de Antananarivo, capital de Madagascar.

E o imposto? E o punhado de arroz para o malgaxe ou o nhaqué[80]? E esses mártires? E esses inocentes assassinados? E esse dinheiro sangrento que se acumula em seus cofres, senhores? Evaporou! Desapareceu, confundiu-se, irreconhecível, no reino das pálidas raciocinações.

Mas há um infortúnio para esses senhores. Os burgueses, que são seus donos, estão cada vez mais desinteressados dessas finas artimanhas, e fadados a se distanciar deles para aplaudir cada vez mais outros menos sutis e mais brutais. É exatamente isso que dá uma chance ao sr. Yves Florenne[81]. E, de fato, eis, no cardápio do jornal *Le Monde*, suas pequenas ofertas de serviços organizadas com sabedoria. Nenhuma surpresa possível. Tudo garantido, eficácia testada e comprovada, de uma forma de racismo; um racismo francês, ainda débil, sem dúvida, mas promissor. Ouçam:

> Nossa leitora (...) [uma professora que teve a audácia de contradizer o irascível sr. Florenne] experimenta, contemplando duas jovens mestiças, suas alunas, *a emoção do orgulho que vem da sensação crescente de integração com nossa família francesa* (...) Será que a emoção dela seria a mesma se visse a França, ao contrário, se integrar à família negra (ou amarela ou vermelha, não importa), ou seja, diluir-se, desaparecer?

É claro, para o sr. Yves Florenne: é o sangue que faz a França, e as bases da nação são biológicas: "Seu povo, seu gênio, são feitos de um equilíbrio milenar, vigoroso e delicado ao mesmo tempo (...) algumas rupturas inquietantes desse equilíbrio coincidem com a infusão maciça e muitas vezes perigosa de sangue estrangeiro, que ela teve que suportar nos últimos trinta anos".

Em suma, a mestiçagem é o inimigo. Nada de crise social! Nada de crise econômica! Existem apenas crises raciais! Somos todos humanistas, é claro (afinal, estamos no Ocidente), mas entendamo-nos:

"Não é se perdendo no universo humano com seu sangue e seu espírito que a França será universal; é se mantendo ela mesma." Vejam aonde a

---

80 O termo vietnamita *nhà quê* ("camponês", "caipira") acabou incorporado ao léxico francês para designar depreciativamente qualquer pessoa originária do Extremo Oriente. Também se usa a grafia *niakoué*.

81 Yves Florenne (1908-1992), escritor e crítico literário, fez parte da equipe fundadora do jornal *Le Monde*.

burguesia francesa chegou, cinco anos após a derrota de Hitler! E é precisamente nisso que reside seu castigo histórico: ser condenada, retornando como que por vício, a regurgitar o vômito de Hitler.

Pois, enfim, o sr. Yves Florenne ainda polia romances camponeses, "dramas da terra", histórias de mau-olhado, quando, com seu olhar pior do que aquele de vilões de histórias de feitiçaria, Hitler anunciava:

"O objetivo supremo do Estado do povo é preservar os elementos originais da raça que, expandindo a cultura, criam a beleza e a dignidade de uma humanidade superior."

Essa filiação, o sr. Yves Florenne a conhece bem. E não se envergonha disso.

Bem, é um direito dele.

Assim como é nosso o direito de nos indignarmos.

Pois, enfim, precisamos nos decidir e dizer, de uma vez por todas, que a burguesia está condenada a ser cada dia mais hostil, mais abertamente feroz, mais desprovida de vergonha, mais sumariamente bárbara; que é uma lei implacável que toda classe decadente se transforme em um receptáculo para o qual fluem todas as águas sujas da história; que é uma lei universal que toda classe, antes de desaparecer, deva primeiro desonrar-se de forma completa, omnilateral, e que, com as cabeças enterradas sob o estrume, as sociedades moribundas emitem seu canto de cisne.

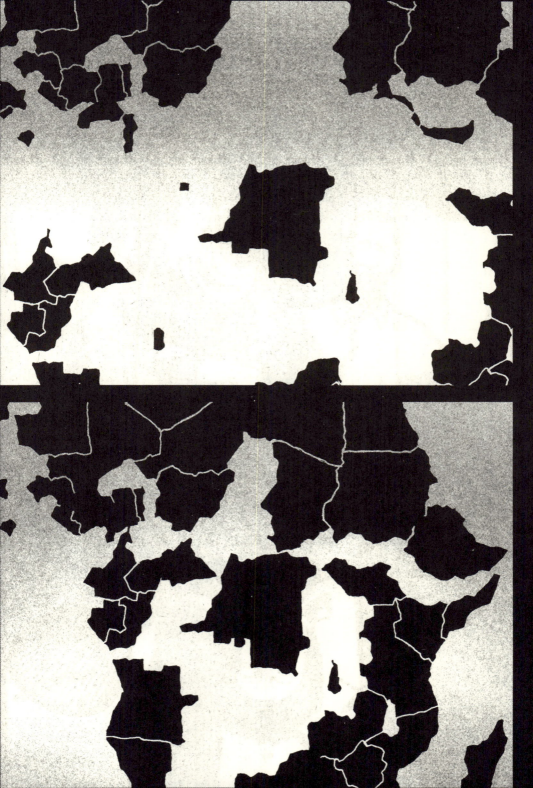

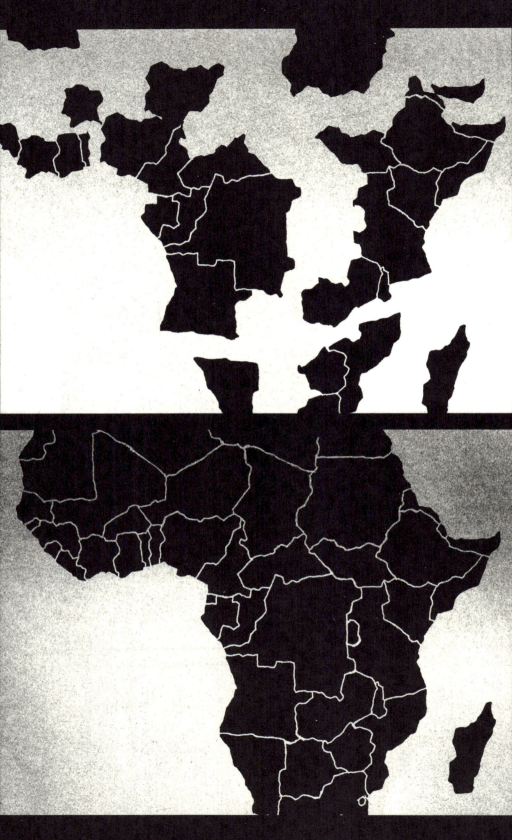

De fato, o registro é implacável.

Um animal rude que, no exercício elementar de sua vitalidade, espalha o sangue e semeia a morte: lembre que, historicamente, é nessa forma de arquétipo feroz que a revelação da sociedade capitalista se manifestou na consciência e no espírito dos melhores.

O animal se debilitou; seus cabelos estão escassos, seu couro, deteriorado, mas a ferocidade permaneceu, bem misturada com sadismo. É fácil acusar apenas Hitler, Rosenberg, Jünger[82] ou os outros. Ou as SS[83].

Mas e quanto a isto: "Todos neste mundo sabem o crime: o jornal, a parede e o rosto do homem". É Baudelaire, Hitler ainda não nasceu!

Prova de que o mal vem de mais longe.

---

82 O escritor alemão Ernst Jünger (1895-1998) foi um feroz direitista, reacionário, nacionalista, que glorificou a violência e o militarismo e tornou-se uma referência intelectual importante para os ideólogos do nazismo. Mas não chegou a se filiar ao partido e, apesar de servir nas forças armadas alemãs na Segunda Guerra Mundial, escreveu contra o regime nazista. Com o fim da guerra, chegou a ser proibido de publicar por quatro anos. Mas foi reabilitado no correr dos anos 1950.

83 Sigla da Schutztaffel, organização paramilitar nazista, que controlava a Gestapo (polícia secreta) e administrava os campos de extermínio.

E Isidore Ducasse, conde de Lautréamont!

Sobre esse assunto, é chegada a hora de dissipar a atmosfera de escândalo criada em torno de *Os cantos de Maldoror*[84].

Monstrosidade? Aerólito literário? Delírio de uma imaginação doentia? Ora! Que conveniente!

A verdade é que Lautréamont só tinha que olhar, olhos nos olhos, o homem de ferro forjado pela sociedade capitalista para apreender o *monstro*, o monstro cotidiano, seu herói.

Ninguém nega a veracidade de Balzac.

Mas cuidado: faça Vautrin[85] retornar dos países quentes, dê a ele as asas do arcanjo e os arrepios da malária, faça-o ser acompanhado, nas calçadas de Paris, por uma escolta de vampiros uruguaios e formigas tambochas[86], e você terá Maldoror.

Varia o cenário, mas é o mesmo mundo, é o mesmo homem duro, inflexível e inescrupuloso, amante, como ninguém, da "carne alheia"[87].

Abrindo aqui um parêntese em meu parêntese, acredito que chegará o dia em que todos os elementos reunidos, todas as fontes expostas, todas as circunstâncias do trabalho elucidadas, tornarão possível dar a *Os cantos de Maldoror* uma interpretação materialista e histórica, que fará surgir desse épico furioso um aspecto muito pouco percebido, o de uma denúncia implacável de uma forma muito precisa da sociedade, tal que não poderia escapar do mais agudo dos olhares por volta do ano de 1865.

Antes, é claro, será necessário abrir caminho entre os comentários ocultistas e metafísicos que o ofuscam; restabelecer a importância de tais

---

84 Obra-prima do Conde de Lautréamont (pseudônimo do poeta Isidore Ducasse), publicada em 1869.

85 Vautrin é um personagem que aparece em diversos romances da *Comédia humana*, de Balzac.

86 Formiga das florestas tropicais da América do Sul e Central.

87 Referência a Maldoror: "esses olhos não te pertencem (...) onde os pegaste? Um dia, vi passar à minha frente uma mulher loira; tinha-os iguais aos teus; tu os arrancaste dela. Vejo que queres que acreditem em tua beleza; mas ninguém se engana, muito menos eu. Digo-o para que não me tomes por um imbecil. Toda uma série de aves de rapina, amantes da carne alheia, defensora da utilidade da caça, belas como os esqueletos que desfolham os panoccos do Arkansas, revoluteiam ao redor da tua testa, como servidores submissos e cordatos". (Tradução de Claudio Willer para *Os cantos de Maldoror*, Iluminuras, 1997, São Paulo)

estrofes negligenciadas — aquela, por exemplo, mais estranha entre todas, da mina de piolhos[88], onde se aceitará ver nem mais nem menos que a denúncia do poder maligno do ouro e da acumulação; restaurar seu verdadeiro lugar ao admirável episódio do ônibus[89], e consentir em encontrar lá, de maneira bem clara, o que existe, para conhecer a pintura quase alegórica de uma sociedade em que os privilegiados, confortavelmente sentados, se recusam a se apertar para abrir espaço para o recém-chegado e — a propósito — quem recolhe a criança rejeitada? O povo! Aqui representado pelo trapeiro. O trapeiro de Baudelaire, que:

> Juramentos profere e dita leis sublimes,
> Derruba os maus, perdoa as vítimas dos crimes,
> E sob o azul do céu, como um dossel suspenso,
> Embriaga-se na luz de seu talento imenso.[90]

88 "De minha parte, se me for permitido acrescentar algumas palavras a esse hino de glorificação, direi que fiz construir um fosso, de quarenta léguas quadradas, e uma profundidade equivalente. É lá que jaz, em sua virgindade imunda, uma mina viva de piolhos. Preenche o fundo do fosso, e serpenteia em seguida, em largos veios densos, em todas as direções. Eis como construí essa mina artificial. Arranquei um piolho fêmea aos cabelos da humanidade. Fui visto dormindo com ela durante três noites consecutivas, e a joguei no fosso. A fecundação humana, que teria sido nula em outros casos semelhantes, foi aceita dessa vez, por fatalidade; e, ao termo de alguns dias, milhares de monstros, fervilhando em um emaranhado compacto de matéria, vieram à luz.", outro trecho d'*Os cantos de Maldoror*.

89 "É meia-noite; não se vê um único ônibus da Bastilha à Madeleine. Engano-me: aí está um que aparece, repentinamente, como se saísse da terra. Os poucos passantes retardatários olham-no atentamente, pois não se assemelha a qualquer outro. Nos bancos de passageiros estão sentados homens de olhos imóveis, como os de um peixe morto. Estão apertados uns contra os outros e parecem ter perdido a vida; no mais, o número regulamentar de passageiros não foi ultrapassado. Quando o condutor chicoteia os cavalos, dir-se-ia que é o chicote que move seu braço, e não seu braço ao chicote. O que será essa reunião de seres estranhos e mudos? Serão habitantes da lua? Há momentos em que somos tentados a acreditar nisso; mas se assemelham, antes, a cadáveres. O ônibus, com pressa de chegar ao ponto final, devora o espaço e faz estalar o calçamento. (...) Ele se afasta! Porém uma massa informe o persegue com obstinação, seguindo seu rastro, em meio ao pó. 'Parai, suplico-vos; parai... minhas pernas estão inchadas por ter caminhado o dia todo... não como desde ontem. (...) meus pais me abandonaram... não sei o que fazer. (...) resolvi voltar para casa e logo chegaria se me concedessem um lugar. (...) sou uma criança de oito anos e confio em vós . (...)' Ele se afasta! Ele se afasta!...". D'*Os cantos de Maldoror*.

90 Nota do tradutor: Utilizei-me da tradução de Ivan Junqueira de "O vinho dos trapeiros" de

Então, não é verdade, entenderão, que o inimigo a quem Lautréamont tornou *o inimigo*, o "criador" antropófago e decadente, o sádico "empoleirado em um trono formado por excrementos humanos e ouro", o hipócrita, o inútil, o ocioso que "come o pão dos outros" e que de vez em quando é encontrado completamente bêbado como "um percevejo que mastigou três barris de sangue durante a noite", esse criador, não é por trás das nuvens que devemos procurá-lo, porque é mais provável que o encontremos no anuário *Desfossés*[91] ou em algum confortável conselho de administração!

Mas deixemos isso.

Os moralistas nada podem fazer.

A burguesia, como classe, está condenada, queira ou não, a assumir toda a barbárie da história, as torturas da Idade Média como a Inquisição, a razão de Estado como o belicismo, o racismo como o escravagismo; enfim, tudo contra o qual ela protestou em termos inesquecíveis, quando, classe no ataque, encarnava o progresso humano.

Os moralistas não podem evitar. Existe uma lei da desumanização progressiva em virtude da qual, doravante, na agenda da burguesia, só há, só pode haver, violência, corrupção e barbárie.

Eu ia esquecendo o ódio, a mentira, a arrogância.

Eu ia esquecendo o sr. Roger Caillois.

Ora pois, o sr. Caillois, a quem foi dada para toda a eternidade a missão de ensinar a um século covarde e negligente o rigor do pensamento e do estilo, o sr. Caillois acabou de experimentar uma grande cólera.

O motivo?

A grande traição da etnografia ocidental, que, há algum tempo, com uma deplorável degradação de seu senso de responsabilidade, procura pôr

---

As flores do mal. Para Jamil Almansur Haddad: " Ei-lo posto a jurar, ditando lei sublime, / Exaltando a virtude, abominando o crime, / E sob o firmamento — um pálio de esplendor — / Embriagar-se à luz de seu próprio valor." No original: *Et sans prendre souci des mouchards, ses sujets / Epanche tout son cœur en glorieux projet. / Il prête des serments, dicte des lois sublimes, / Terrasse les méchants, relève les victimes.* (N. do T.)

91 Tradicional publicação francesa de notícias a respeito da bolsa de valores e do mundo financeiro.

em dúvida a superioridade omnilateral da civilização ocidental sobre civilizações exóticas[92].

Imediatamente, o sr. Caillois entra em campanha.

Essa é uma virtude da Europa: suscitar, no momento mais crítico, heroísmos salvadores.

É imperdoável não lembrar o sr. Massis, que, por volta de 1927, se tornou um cruzado pela defesa do Ocidente[93].

Queremos garantir que um destino melhor seja reservado ao sr. Caillois, que, para defender a mesma causa sagrada, transforma sua caneta em uma boa adaga de Toledo[94].

O que dizia o sr. Massis? Deplorava que "o destino da civilização ocidental, o destino da humanidade" estivesse hoje ameaçado; que todos os esforços fossem feitos "para apelar às nossas angústias, desafiar os títulos de nossa cultura, questionar a essência do que temos"; Massis jurou entrar em guerra contra esses "profetas desastrosos".

O sr. Caillois não identifica de outro modo o inimigo. São "intelectuais europeus" que, "por um engano e um ressentimento excepcionalmente agudos", têm se esforçado nos últimos cinquenta anos para "negar os vários ideais de sua cultura" e, como resultado, manter "particularmente na Europa, um mal-estar persistente".

---

92 O escritor, sociólogo e crítico literário Roger Caillois (1913-1978) foi próximo de André Breton e dos surrealistas, até romper com eles, em 1935, em nome do racionalismo e do rigor do pensamento. Em 1955, resolveu escrever um texto ("Illusions à rebours", na *La Nouvelle Revue française*) criticando o livro *Raça e história*, lançado três anos antes por Claude Lévi-Strauss (1908-2009), e aproveitou a ocasião para defender a superioridade da cultura europeia sobre as outras. Lévi-Strauss respondeu atacando o eurocentrismo, Caillois mandou a réplica, Lévi-Strauss mandou a tréplica, enfim, a polêmica se instalou, o pau "intelectual" comeu.

93 Henri Massis (1886-1970) foi um intelectual católico, fascista que participou do governo colaboracionista de Vichy. Entre tantos textos atacando o comunismo e louvando figuras como Mussolini, Franco e Salazar, escreveu, em 1927, o *Défense de l'Occident*, uma apocalíptica denúncia dos perigos que vinham do "Leste": o irracionalismo bolchevique, o irracionalismo budista e os "terríveis problemas causados pelo levante das nações da Ásia e África, unidas pelo bolchevismo contra a civilização ocidental".

94 Césaire talvez cite aqui um dos momentos mais melodramáticos da melodramática peça *Hernani*, de Victor Hugo. Mas, além das lâminas de Toledo serem famosas como as melhores da Europa, a cidade foi a capital do Reino de Castela na época em que este liderou a "Reconquista", guerra que expulsou os mouros da Península Ibérica.

A esse mal-estar, essa inquietação, o sr. Caillois, por sua vez, pretende dar um fim.

É significativo que, no exato momento em que o sr. Caillois empreendia sua cruzada, um jornal colonialista belga, ligado ao governo (*Europe-Afrique*, n° 6, janeiro de 1955), se rendesse a um ataque absolutamente idêntico à etnografia:

"Antes, o colonizador concebia basicamente seu relacionamento com os colonizados como o de um homem civilizado com um homem selvagem. A colonização, portanto, repousava sobre uma hierarquia, certamente grosseira, mas vigorosa e clara".

É essa relação hierárquica que o autor do artigo, um certo M. Piron, acusa a etnografia de destruir. Como Caillois, ele ataca Michel Leiris[95] e Lévi-Strauss. No primeiro, ele censura ter escrito, em seu *La Question raciale devant la Science moderne*: "É pueril querer hierarquizar a cultura." No segundo, por atacar o "falso evolucionismo", na medida em que "tenta suprimir a diversidade de culturas, considerando-o como estágios de um desenvolvimento único que, a partir do mesmo ponto, deve convergir para o mesmo objetivo". Mircea Eliade[96] tem um destino particular por ter ousado escrever a seguinte frase: "Diante dele, o europeu agora não tem mais indígenas, mas interlocutores. É bom saber como iniciar o diálogo; é essencial reconhecer que não há mais solução de continuidade entre o mundo primitivo (entre aspas) ou atrasado (idem) e o Ocidente moderno".

Finalmente, é um excesso de igualitarismo que se reprova no pensamento americano. Como no caso de Otto Klineberg, professor de psicologia da Universidade de Columbia, que afirma: "É um erro capital considerar outras culturas como inferiores às nossas simplesmente porque são diferentes".

Decididamente, o sr. Caillois está em boa companhia.

E, de fato, nunca, desde os ingleses da era vitoriana, alguém exibiu ao longo da história uma consciência melhor, mais serena e menos assombrada pela dúvida.

---

95 Etnólogo e escritor, Michel Leiris (1901-1990) foi ligado aos surrealistas. Comunista, foi um dos fundadores da *Les Temps modernes* (dirigida por Sartre) e, junto de Aimé Césaire, um dos fundadores da revista *Présence africaine*, em 1945.

96 O romeno Mircea Eliade (1907-1986) foi um dos mais influentes filósofos e historiadores das religiões.

Sua doutrina? Tem o mérito de ser simples.

Que o Ocidente inventou a ciência. Somente o Ocidente sabe pensar; que nos limites do mundo ocidental começa o tenebroso reino do pensamento primitivo, que, dominado pela noção de participação, incapaz de lógica, é o próprio retrato do pensamento falso.

Sobre isso, nos sobressaltamos. Lembremos ao sr. Caillois que a famosa lei de participação inventada por Lévy-Bruhl, o próprio Levy-Bruhl a negou[97]; que no ocaso de sua vida, ele proclamou diante do mundo que estava errado "em querer definir um caráter peculiar à mentalidade primitiva enquanto lógica"; que ele, ao contrário, adquiriu a convicção de que "esses espíritos não diferem dos nossos do ponto de vista lógico. (...) Portanto, não suportam mais do que nós uma contradição formal. (...) Portanto, rejeitam como nós, por uma espécie de reflexo mental, o que é logicamente impossível"[98].

Perda de tempo! O sr. Caillois toma a retificação por nula e não acontecida. Para o sr. Caillois, o verdadeiro Lévy-Bruhl só pode ser o Lévy-Bruhl no qual o primitivo exibe sua extravagância.

Restam, é claro, alguns fatos menores que resistem. Como a invenção da aritmética e da geometria pelos egípcios. Ou a descoberta da astronomia pelos assírios. Ou o nascimento da química entre os árabes. Ou a aparição do racionalismo no Islã numa época em que o pensamento ocidental tinha um jeito furiosamente pré-lógico.

Mas esses detalhes impertinentes, o sr. Caillois rapidamente os rejeita, pelo princípio de que "uma descoberta que não se encaixa em um conjunto" é precisamente um detalhe, ou seja, algo desprezível.

Após haver anexado a ciência, eis que ele reivindica a moral.

Veja só! O sr. Caillois nunca almoçou ninguém! O sr. Caillois nunca pensou em acabar com um enfermo! O sr. Caillois nunca teve a ideia de abreviar os dias de seus velhos pais! Bem, aqui está a superioridade do Ocidente:

---

97 "Para Lévy-Bruhl, as representações coletivas dos povos primitivos teriam a especificidade da participação. Os primitivos raciocinariam segundo a lei de associação de ideias, por contiguidade e por similaridade. A lei de participação constituiria para Lévy-Bruhl a base da lógica primitiva, orientando suas classificações.(...) Nos seus *Carnets*, publicados postumamente em 1949, [Lévy-Bruhl] abandona a ideia do caráter pré-lógico do pensamento primitivo e a lei de participação para entender sua lógica". Da página 55 do livro *Repensando o sincretismo*, de Sérgio Figueiredo Ferretti (Edusp/Fapema, 1995, São Paulo).

98 *Les Carnets,* de Lucien Lévy-Bruhl (Presses Universitaires de France, 1949).

"Essa disciplina da vida que busca fazer com que a pessoa humana seja suficientemente respeitada para que não se ache normal suprimir os idosos e os enfermos".

A conclusão se impõe: contra os antropófagos, os esquartejadores e outros monstros desumanos, a Europa e o Ocidente encarnam o respeito à dignidade humana.

Mas vamos em frente, para que nossos pensamentos não se desviem para Argélia, Marrocos e outros lugares onde, no exato momento em que escrevo isto, tantos filhos valentes do Ocidente, no claro-escuro de masmorras, prodigalizam a seus irmãos inferiores na África tantos cuidados incansáveis, essas marcas autênticas de respeito à dignidade humana que são chamadas, em termos técnicos, "banheira", "choque", "pau de arara".

Avancemos: o sr. Caillois ainda não chegou ao fim de sua exibição de troféus. Após a superioridade científica e a superioridade moral, a superioridade religiosa.

Aqui o sr. Caillois toma cuidado para não ser enganado pelo delusório prestígio do Oriente. Ásia, mãe dos deuses, talvez. De qualquer modo, a Europa, senhora dos ritos. E veja a maravilha: de um lado, fora da Europa, cerimônias do tipo vodu com tudo o que incluem: "baile de máscaras burlescas, frenesi coletivo, alcoolismo desenfreado, exploração grosseira de um fervor ingênuo", e de outro lado — da Europa — esses valores autênticos já celebrados por Chateaubriand em *Le Génie du Christianisme*: "os dogmas e mistérios da religião católica, sua liturgia, o simbolismo de seus escultores e a glória do cantochão".

Enfim, motivo último de satisfação:

Gobineau[99] costumava dizer: "Só existe história branca". Caillois, por

---

99 O filósofo e diplomata francês Arthur de Gobineau (1816-1882) foi um pioneiro do racismo "científico". Seu livro mais famoso, *Ensaio sobre a desigualdade das raças humanas* (1855), teve imensa influência, no Brasil inclusive. Em 1869, veio ao país em uma missão diplomática e ficou horrorizado com o que viu. Para começar, para seu azar, chegou ao Rio na época do Carnaval. "Todo mundo aqui é feio, inacreditavelmente feio, como macacos", "uma população totalmente mulata, corrompida no sangue e no espírito, assustadoramente feia. (...) Nenhum brasileiro tem sangue puro porque os casamentos entre brancos, índios e negros são tão generalizados que as nuances de cor são infinitas, causando a degeneração tanto nas classes baixas quanto nas altas". Gobineau previu que a população brasileira iria desaparecer em 200

sua vez, observa: "Só existe etnografia branca". É o Ocidente que faz a etnografia dos outros, não os outros que fazem a etnografia do Ocidente.

Intenso motivo de júbilo, não é verdade?

E nem por um minuto vem à mente do sr. Caillois que os museus dos quais ele se envaidece, melhor seria, no geral, não precisar abri-los; que a Europa teria feito melhor em tolerar a seu lado civilizações vivas, dinâmicas e prósperas, inteiras e não mutiladas, as civilizações extraeuropeias; que seria melhor deixá-las se desenvolver e se realizar do que nos permitir admirar, devidamente rotulados, os membros esparsos, os membros mortos; além disso, o próprio museu não é nada; ele não quer dizer nada, não pode dizer nada, lá onde a beata satisfação consigo apodrece os olhos; lá onde o desprezo secreto pelos outros seca os corações; onde, confessado ou não, o racismo silencia a simpatia; que nada disso significa alguma coisa se não estiver destinado a suprir as delícias do amor próprio; afinal de contas, o honesto contemporâneo de São Luís[100], que combateu mas respeitou o Islã, teve uma chance maior de conhecê-lo do que nossos contemporâneos, mesmo que se esfregue na cara destes últimos a literatura etnográfica que tanto desprezam.

Não: na balança de conhecimento, o peso de todos os museus do mundo nunca será o mesmo de sequer uma centelha de simpatia humana.

A conclusão de tudo isso?

Sejamos justos; o sr. Caillois é moderado.

Tendo estabelecido a superioridade do Ocidente em todas as áreas; tendo restabelecido uma hierarquia saudável e preciosa, o sr. Caillois dá uma prova imediata dessa superioridade, ao decidir não exterminar ninguém. Com ele, os negros certamente não serão linchados, os judeus não alimentarão novos fornos.

Mas, cuidado; é importante entender que essa tolerância, os negros, judeus, australianos devem, não aos seus respectivos méritos, mas à magnanimidade do sr. Caillois; não a um ditame da ciência, que só pode

anos por causa da "degeneração genética". Mas há ainda brasileiros que têm a certeza de que Gobineau os julgaria lindos.

100 O rei Luís IX (1214-1270), usando dinheiro que confiscou da comunidade judaica, organizou duas cruzadas contra o Islã. Ambas foram um completo fracasso. Mas seu marketing funcionou muito bem, e ele foi canonizado.

oferecer verdades efêmeras, mas a um decreto de consciência do sr. Caillois, que só pode ser absoluto; que essa tolerância não é condicionada por nada, garantida por nada, exceto pelo senso de dever do sr. Caillois.

Talvez a ciência mande um dia limpar a estrada da humanidade desses pesos mortos, desses *impedimenta*[101] constituídos por culturas atrasadas e povos tardios, mas temos certeza de que, no momento fatal, a consciência do sr. Caillois, que, de consciência tranquila, imediatamente se transforma em bela consciência, deterá o braço do carrasco e, solene, dirá: *salvus sis*[102].

O que nos dá a seguinte nota suculenta:

> "Para mim, a questão da igualdade de raças, povos ou culturas só faz sentido se for uma igualdade de direitos, não uma igualdade de fato. Da mesma forma, um homem cego, um homem mutilado, um homem doente, um idiota, um homem ignorante, um homem pobre (*AC: não se poderia ser mais gentil com os não ocidentais*), não são iguais, no sentido material da palavra, a um homem forte, clarividente, completo, saudável, inteligente, culto ou rico
>
> Este tem maiores capacidades, que, aliás, não lhe dão mais direitos, mas apenas mais deveres(...) Da mesma forma, existem atualmente, quer sejam as causas biológicas ou históricas, diferenças de nível, poder e valor entre diferentes culturas. Elas levam a uma desigualdade de fato. Não justificam nenhuma desigualdade de direitos em favor dos chamados povos superiores, como o racismo o faria. Em vez disso, lhes conferem encargos adicionais e uma responsabilidade a mais".

Maior responsabilidade? Qual, então, senão aquela de liderar o mundo? Carga aumentada? Qual, então, se não o fardo do mundo?

E cabe a Caillois-Atlas erguer-se filantropicamente da poeira e recarregar seus ombros robustos com o fardo inevitável do homem branco.

Desculpe-me por falar tanto do sr. Caillois. Não é que eu superestime de alguma maneira o valor intrínseco de sua "filosofia" (o leitor pode julgar a seriedade de um pensamento que, ao reivindicar o espírito de rigor, cede tão

---

101 Palavra latina para a bagagem que atrapalha o avanço de um exército.
102 No latim significa literalmente "tenha saúde", "sejas são", "não seja ferido", mas era usada apenas como uma saudação equivalente a um "bom-dia" ou "como vai?".

complacentemente aos preconceitos e chafurda com tanta voluptuosidade no lugar-comum); mas ela merece especial atenção, pelo que tem de significativo.

Do quê?

De que o Ocidente, ao mesmo tempo que gargareja todas essas palavras, não foi mais capaz de assumir os requisitos de um verdadeiro humanismo, de poder viver o verdadeiro humanismo — o humanismo na medida do mundo.

Dos valores outrora inventados pela burguesia e lançados por todo o mundo, um deles é o do *homem* e do humanismo - e vimos em que isso deu. O outro é o da nação.

É um fato: a *nação* é um fenômeno burguês...
Mais precisamente, se eu desviar o olhar do homem para enxergar as nações, constato que aqui novamente o perigo é grande; que o empreendimento colonial é, no mundo moderno, o que foi o imperialismo romano no mundo antigo: o preparador do *Desastre* e o precursor da *Catástrofe*. Do quê? Os índios massacrados, o mundo muçulmano espoliado, o mundo chinês por um bom século conspurcado e desnaturado; o mundo negro desqualificado; vozes imensas para sempre extintas; lares espalhados ao vento; todo esse estrago, todo esse desperdício, a humanidade reduzida ao monólogo, e você acredita que tudo isso não tem um preço? A verdade é que a perda da própria Europa está inscrita nessa política, e que a Europa, se não for cuidadosa, perecerá do vazio que causou ao seu redor.
Acreditava-se que apenas índios, hindus, oceânicos ou africanos fossem mortos. Na verdade, as barreiras de proteção sob as quais a civilização europeia poderia desenvolver-se livremente foram sendo derrubadas uma a uma.

Sei de tudo o que há de falacioso nos paralelos históricos; neste que vou esboçar, em particular. Contudo, permita-me aqui copiar uma página de Quinet[103] pela parte não negligenciável da verdade que ela contém e que merece meditação.

Aqui está:

"Pergunta-se por que a barbárie irrompeu repentinamente na civilização antiga. Creio que posso responder. É espantoso que uma causa tão simples não salte à vista de todos. O sistema da civilização antiga consistia em um certo número de nacionalidades, em pátrias que, embora parecessem inimigas, ou mesmo que se ignorassem, protegiam-se, apoiavam-se e guardavam umas às outras. Quando o Império Romano, crescendo, se pôs a conquistar e destruir esses corpos de nações, os sofistas deslumbrados pensaram ver, no final dessa estrada, a humanidade triunfante em Roma. Falou-se em unidade da mente humana, o que não passou de um sonho. O fato é que essas nacionalidades eram avenidas que protegiam a própria Roma (...). Quando, portanto, Roma, nessa pretensa marcha triunfal rumo à civilização única, destruiu, uma após outra, Cartago, o Egito, a Grécia, a Judeia, a Pérsia, a Dácia e a Gália, aconteceu de ela mesma haver devorado os diques que a protegiam contra o oceano humano sob o qual viria a perecer. O grandioso César, esmagando a Gália, só abriu o caminho para os germanos.

Tantas sociedades, tantas línguas extintas, cidades, direitos, casas destruídas, criaram um vazio ao redor de Roma e, onde os bárbaros não chegaram, a barbárie nasceu por si própria. Os gauleses destruídos foram transformados em hordas errantes. Assim, a queda violenta, o progressivo extermínio de cada cidade, causou o colapso da civilização antiga. Esse edifício social era sustentado pelas nacionalidades como que por colunas diferentes de mármore ou pórfiro. Quando destruíram, sob os aplausos dos sábios da época, cada uma dessas colunas vivas, o edifício caiu por terra, e os sábios dos nossos dias ainda perguntam como foi possível criar-se, de repente, ruínas tão grandes!"

---

103 Edgar Quinet (1803-1875), historiador, filósofo e pensador político, republicano e anticlerical.

E então, eu pergunto: que outra coisa fez a Europa burguesa? Minou civilizações, destruiu pátrias, arruinou nacionalidades, erradicou "a raiz da diversidade". Não há mais diques. Não há mais avenidas. Chegou a hora do bárbaro. Do bárbaro moderno. A hora americana. Violência, excesso, desperdício, mercantilismo, blefe, o comportamento de manada, estupidez, vulgaridade, desordem.

Em 1913, Page escrevia a Wilson[104]:

"O futuro do mundo é nosso. O que vamos fazer logo mais, quando o domínio do mundo cair em nossas mãos?"

E em 1914: "O que faremos com esta Inglaterra e este Império, em breve, quando as forças econômicas colocarem em nossas mãos a direção da raça? "

Este Império... E os outros...

E vejam com que orgulho esses cavalheiros levantam o estandarte do anticolonialismo!

"*Ajuda aos países desfavorecidos*", diz Truman. "O tempo do antigo colonialismo já passou". Ainda Truman.

Entendam que as grandes finanças americanas julgam haver chegado a hora de tomar todas as colônias do mundo. Então, queridos amigos da Europa, cuidado!

Sei que muitos dentre vocês, enojados com a Europa, com esse nojo diante do que não escolheram ser testemunhas, voltam-se — oh! em pequeno número — para a os Estados Unidos, e se acostumam a ver neles um possível libertador.

"Uma pechincha!", eles pensam.

"Os tratores! Os investimentos maciços de capital! As estradas! Os portos!

— Mas, e o racismo norte-americano?

---

104 Correspondência entre Woodrow Wilson (1856-1924), presidente dos Estados Unidos entre 1913 e 1921, e Walter Hines Page (1855-1918), seu embaixador no Reino Unido.

— Ah! O racismo europeu nas colônias nos preparou para isso!

E aqui estamos prontos para correr o grande risco ianque.

Então, de novo, cuidado.

A norte-americana, a única dominação da qual não se pode mais escapar. Quero dizer, aquela da qual não se escapa completamente ileso.

E enquanto vocês falam de fábricas e indústrias, não veem, no coração de nossas florestas ou em nossos bosques, a formidável fábrica cuspindo histericamente suas lascas de madeira. A fábrica de lacaios. A prodigiosa mecanização, mecanização do homem, o estupro do que nossa humanidade saqueada ainda sabia preservar de íntimo, de intacto... Nunca viu a máquina a esmagar, moer, entorpecer os povos ?

De modo que o perigo é imenso...

De modo que, se a Europa Ocidental não assumir, na África, na Oceania, em Madagascar, ou seja, às portas da África do Sul, nas Índias Ocidentais, ou seja, às portas da América, a iniciativa de uma política de nacionalidades, a iniciativa de uma nova política baseada no respeito pelos povos e pelas culturas; garanto: se a Europa não galvanizar culturas moribundas ou produzir novas culturas; se ela não despertar pátrias e civilizações (isso sem deixar de levar em conta a admirável resistência dos povos coloniais, que agora está brilhantemente simbolizada pelo Vietnã, mas também pela África da RDA[105]), a Europa terá perdido sua última chance e, com as próprias mãos, puxará sobre si mesma a mortalha das trevas.

O que, claramente, significa que a salvação da Europa não é questão de uma revolução nos métodos; mas é questão da Revolução: daquela que, à estreita tirania de uma burguesia desumanizada, substituirá, esperando a sociedade sem classes, a preponderância de uma única classe que ainda tenha uma missão universal, por sofrer em sua carne todos os males da história, todos os males universais: o proletariado.

---

105 A RDA (Rassemblement Démocratique Africain — Assembleia Democrática Africana) foi uma federação de partidos das colônias francesas na África criada em 1946 com o objetivo de atuar de maneira coordenada, com mais força, na Assembleia Nacional francesa. Foi combatida durante toda a sua história pelo governo colonial, com sabotagens, prisões em massa e assassinatos.

RETORNO A AIMÉ CÉSAIRE, UMA CRONOLOGIA

Rogério de Campos

1493

Cristovão Colombo avista a ilha da Martinica, mas não chega a desembarcar. Isso só vai acontecer na quarta viagem dele às Américas, em 1502. Na época, a ilha era ocupada pelos caraíbas, que, segundo os primeiros exploradores europeus, a chamavam Madiana ou Madinina ou Mantinino ("ilha das flores"). Como os espanhóis não viram interesse nela, a Martinica ficou livre dos europeus até 1635, quando o flibusteiro Pierre Belain d'Esnambuc monta ali uma colônia e toma a ilha em nome da França e da Compagnie des îles d'Amérique.

1654

Um grupo de holandeses (provavelmente judeus) que havia deixado Recife com o fim da Ocupação Holandesa, chega à Martinica com alguns escravos que já tinham experiência na cultura canavieira do Brasil. São eles que desenvolvem a indústria da cana-de-açúcar na Martinica. E é para trabalhar nas grandes plantações de cana que se amplia a vinda de africanos escravizados. Em 1664, a população da Martinica era já formada por 3.158 escravizados e 2.904 colonos brancos. Essa diferença se amplia muito mais nos anos e nas décadas seguintes. No início do século XIX, os brancos já não chegam a 10% da população total da ilha, os escravizados formam 60% da população, e o resto da população livre é formada por afrodescendentes (negros e mestiços).

1658

A França empreende uma guerra para exterminar de vez a população caraíba da Martinica. Os nativos que não foram mortos são presos e expulsos da ilha. Vários se suicidam.

1789

5 de maio — Início da Revolução Francesa.

1791

22 de agosto — Início da Revolução Haitiana, que alcançará a vitória em 1º de janeiro de 1804 com a abolição da escravatura e a independência do Haiti. Em seu *Cahier d'un retour au pays natal*, Césaire escreve: "Haïti où la négritude se mit debout pour la première fois" ("Haiti, onde a negritude pôs-se de pé pela primeira vez", na tradução de Lilian Pestre de Almeida). O exemplo do Haiti torna-se motivo de pesadelos para os senhores de escravos em todo o mundo, inclusive no Brasil. As grandes potências, incluindo os Estados Unidos, tomam o lado da França e não reconhecem o novo país, que sofre um bloqueio econômico.

1791

16 de outubro — A Assembleia Constituinte francesa abole a escravidão: "todo o homem é livre na França e, qualquer que seja sua cor, goza de todos os direitos de cidadão, se tiver as qualidades prescritas pela constitui-

ção". Mas é apenas um decreto, não muda em nada a realidade: a escravidão nas colônias continua a existir como antes.

1794

4 de fevereiro — A Convenção Nacional francesa abole, mais uma vez, a escravidão, com o decreto 2262: "A Convenção Nacional declara que a escravidão dos negros, em todas as colônias, é abolida; consequentemente, decreta que todos os homens, sem distinção de cor, domiciliados nas colônias são cidadãos franceses e gozarão de todos os direitos garantidos pela Constituição". O decreto é aplicado, e mesmo assim precariamente, apenas em Guadalupe, Haiti e na Guiana. A Martinica é invadida pelos ingleses, então lá a lei não passa a valer nem de mentira.

1802

A França retoma a Martinica, e Napoleão Bonaparte, como primeiro-cônsul (e a caminho de se tornar imperador), revoga o decreto de abolição da escravatura de 1794.

O mito é que Joséphine de Beauharnais, primeira esposa de Napoleão e filha da aristocracia branca da Martinica, teria aconselhado o marido a assinar a revogação. Tal hipótese parece muito improvável, mas a estátua dela em Fort-de-France foi decapitada em 1991 e permanece assim desde então.

Julho — Napoleão proíbe a entrada de "Noirs, Mulâtres et autres Gens de couleur" (negros, mulatos e outras pessoas de cor) na França. No ano seguinte, vai proibir também os casamentos mistos.

1822

Com o declínio do preço do açúcar no mercado internacional, o poder político dos grandes fazendeiros também declina. O movimento abolicionista vai tomando mais força, e rebeliões de escravos vão se tornando mais frequentes.

1823

Dezembro — Um panfleto intitulado *De la situation des gens de couleur libres aux Antilles françaises*, que denuncia a escravatura e exige direitos civis para os afrodescendentes livres, começa a circular pela Martinica. O "homme de couleur" Cyrille Bissette é denunciado como sendo o autor, e em sua casa são encontrados vários exemplares do panfleto. Filho de um ramo bastardo da mesma família da imperatriz Joséphine, Bissette faz parte da elite de mestiços e negros libertos da colônia, e não só foi senhor de escravos como também participou da repressão a uma revolta que aconteceu em 1822, momento em que mudou sua mentalidade e passou a se engajar na luta contra a escravidão. Por causa do panfleto, os bens de Bissette são confiscados, ele é banido por dez anos das colônias francesas e marcado a ferro, como um escravo. Exilado em Paris, Bissette torna-se um dos principais líderes do movimento que vai conquistar a abolição da escravatura em 1848.

1825

Desesperado para se livrar do bloqueio econômico exercido pelas grandes potências, que dificulta muito a exportação de seus produtos, o governo do Haiti aceita as condições impostas pela França em troca do reconhecimento da independência do país. Entre as condições está o pagamento de uma indenização de 150 milhões de francos que, segundo a França, visa a compensar os empresários franceses pela perda não apenas das terras e dos equipamentos, mas também a perda da "propriedade" humana. Ou seja, o Haiti teria que pagar por cada pessoa libertada pela revolução. O abolicionista francês Victor Schœlcher denuncia: "impor uma indenização aos escravos vitoriosos é fazê-los pagar com dinheiro o que eles já pagaram com seu sangue". No final do século XIX, os pagamentos da dívida chegavam a consumir 80% do orçamento do país, e o efeito foi devastador para sua economia. Desta forma, que o Haiti é condenado a se tornar a nação mais pobre do Ocidente.

1833

21 de dezembro — Em Saint-Pierre, então capital da Martinica, um certo Césaire é condenado por insurreição contra o escravismo. Não há certeza de relações de parentesco com Aimé Césaire.

1846

Os Estados Unidos invadem o que era território mexicano e anexam Texas, Novo México, Califórnia, Arizona, Utah, Nevada e parte do que hoje é o Colorado e o Wyoming. Ou seja, cerca de um terço do que são os Estados Unidos hoje. Muitos dos militares que participam da invasão vão depois promover a Guerra Civil (1861-1865), que provocará a morte de mais de um milhão de norte-americanos. O general Grant, do lado vencedor das duas guerras e depois presidente dos Estados Unidos, vai escrever em suas memórias: "Foi o caso de uma república seguindo o mau exemplo das monarquias europeias, ao passar por cima da Justiça em seu desejo de ampliar seus territórios... A rebelião do Sul foi em grande parte resultado da Guerra Mexicana. Nações, como indivíduos, são punidos por suas transgressões. Recebemos nosso castigo na guerra mais sanguinolenta e cara dos tempos modernos".

1848

27 de abril — Com a queda do rei Luís Felipe, na chamada Revolução de Fevereiro, e a volta da república, os abolicionistas, liderados principalmente por Victor Schœlcher, conseguem aprovar a abolição da escravatura em todos os territórios franceses. Mas o decreto dá um prazo para que os donos dos escravos se desfaçam dessa "propriedade".

Em algumas colônias, o prazo acabou sendo prorrogado até 1858. E, ainda assim, em várias delas, continua a valer o "travail forcé" (trabalho forçado), ou seja, a administração colonial ou as grandes empresas têm a possibilidade de requisitar o trabalho involuntário dos habitantes nativos. Esse trabalho forçado só é abolido em 1946.

1870

Na região de Marin, no sul da Martinica, um jovem negro chamado Léopold Lubin tem uma violenta discussão com dois brancos e é agredido a chicotadas. O caso é levado à Justiça, que condena Lubin a cinco anos de prisão, deportação para a Guiana e uma pesada multa. Revoltada com mais essa demonstração do racismo do Judiciário, parte da população negra da região inicia uma rebelião. Ateiam fogo em plantações e em casas de *békés* (como são chamados os membros da elite branca do país). Uma das principais líderes da rebelião é uma jovem costureira de 21 anos, conhecida como Lumina Sophie e também pelo apelido, Surprise. Ela comanda um grupo de mulheres incendiárias conhecidas como *pétroleuses* (termo que também será usado pela imprensa francesa contra mulheres que lutam pela Comuna de Paris no ano seguinte). O governador da colônia se assusta: "ela é a mais feroz e temível entre os líderes desse bando de baderneiros". Lumina Sophie não estava para brincadeira: "se o bom Deus tivesse um barraco na terra, eu o queimaria, porque Deus certamente não passa de um velho *béké*". Ao final, com a violenta repressão ao movimento, Lumina, apesar de grávida, é condenada, pelos incêndios e pelas blasfêmias, à prisão perpétua com trabalho forçado na Guiana, onde morre em 1879. Quanto a seu filho, Théodore Lumina, foi tirado dela assim que nasceu e morreu com sete meses.

1884

15 de novembro – Início da Conferência de Berlim, que reuniu na capital alemã os representantes dos países europeus (e também dos Estados Unidos) para organizar a repartição da África.

1888

O Brasil é o último país das Américas a abolir a escravatura.

1893

17 de janeiro — Um golpe armado por norte-americanos que residem no Havaí derruba a rainha Lili'uokalani. O país acaba anexado pelos Estados Unidos.

1898

Rendição da Espanha na Guerra Hispano-Americana. Pelo Tratado de Paris, assinado em 10 de dezembro, ela é obrigada a ceder aos Estados Unidos suas colônias no Pacífico (Filipinas e Guam) e se retirar de Porto Rico e Cuba, que se tornam protetorados do governo norte-americano. A partir desse momento, está definido que o Caribe e as Américas como um todo formam o quintal dos Estados Unidos.

1899

Início da guerra dos Estados Unidos contra os rebeldes que lutam pela independência das Filipinas. A guerra se estende até 1913.

1900

Primeira greve geral dos trabalhadores da agricultura da Martinica.

1901

O escritor norte-americano O. Henry cria o termo *banana republic* para descrever países latino-americanos que vivem em função da monocultura controlada por corporações norte-americanas, como a United Fruit Company. Tais corporações mandavam e desmandavam nesses países. O alvo direto do termo era Honduras, onde O. Henry viveu por alguns meses em 1897, período em que se escondia da justiça dos Estados Unidos por fraude bancária. Honduras sofreu várias intervenções militares norte-americanas ao longo da história.

1902

A erupção do Monte Pelée, um vulcão no norte da Martinica, provoca a completa destruição da capital do país, Saint-Pierre, chamada então de "a Paris do Caribe", e a morte de cerca de 30 mil pessoas. A capital do país passa a ser Fort-de-France.

1903

22 de janeiro — É assinado o acordo Hay-Herrán pelo qual o presidente Tomás Herrán, da Colômbia, cede aos Estados Unidos, por 100 anos, o território que hoje forma o Panamá, onde é construído um canal entre o Pacífico e Atlântico. O Congresso da Colômbia não ratifica o acordo. Os Estados Unidos então bancam uma "revolução" que declara a independência da região colombiana, que se torna então um protetorado norte-americano.

Até mesmo uma parte da grande imprensa do país fica escandalizada com a hipocrisia e a brutalidade de seu governo no episódio, que o jornal *The New York Times* descreve como "conquista sórdida" e o *New York Evening Post* chama de "vulgar empreendimento mercenário".

1909

Em 12 de dezembro as tropas norte-americanas desembarcam na Nicarágua e derrubam o presidente José Santos Zelaya. Os Estados Unidos ocupam o país, de maneira intermitente, até 1933.

1913

26 de junho — Nasce Aimé Fernand David Césaire em Basse-Pointe, norte da Martinica. Seu pai, Fernand Elphège Césaire (1888-1966), é funcionário público, e a mãe, Marie Félicité Éléonore Hermine (1891-1983), costureira. Aimé é o segundo de sete filhos (seis meninos e uma menina). Ele acreditava ser descendente do povo Igbo, da Nigéria.

Os Césaire são uma família de classe média baixa, que vive em frequentes dificuldades financeiras. Para sustentar a casa, a mãe trabalha noite adentro pedalando sua máquina Singer de costura: "No fim da madrugada, um outro casebre que cheira muito mal, numa ruela estreita, uma casa minúscula que abriga em suas entranhas de madeira podre dezenas de ratos e a turbulência dos meus seis irmãos e irmãs, um casebre cruel cuja intransigência enlouquece nossos fins de mês, e meu pai extravagante, corroído por uma única miséria, nunca soube qual, que imprevisível feitiçaria entorpece em melancólica ternura ou exalta em altas chamas de cólera; e minha mãe, cujas pernas por nossa fome incansável pedalam, pedalam de dia, de noite, até de noite acordo com essas pernas incansáveis que pedalam à noite e a mordida ávida na carne mole da noite de uma Singer que minha mãe pedala, pedala por nossa fome, dia e noite" (*Cahier d'un retour au pays natal*, na tradução de Lilian Pestre de Almeida).

Mas os pais fazem tudo o que podem pela educação dos filhos. Até por tradição: o avô paterno, Nicolas Louis Fernand Césaire (1868-1896), estudou em Lyon, na França, na École Normale Supérieure de Saint-Cloud e, de volta à Martinica, talvez tenha sido o primeiro professor negro do país.

Fernand lê os clássicos da literatura francesa para os filhos e é bem exigente quanto à aplicação deles no estudo: "Fernand fala da importância da aprender bem a língua francesa para ascenderem da miséria, da maldição negra..." (contam os biógrafos Toumson e Henry-Valmore em *Aimé Césaire, le nègre inconsolé*). Mas, na prática, a primeira professora de Aimé foi sua avó, Eugénie Macni (ou, simplesmente, Nini), esposa de Nicolas. Ela também sabia ler e escrever, coisa rara entre as mulheres de sua geração. Aimé a descreveu como "a África pura e perfeita".

1915

28 de julho — Os Estados Unidos invadem o Haiti e, entre outras coisas, reinstituem os trabalhos forçados. Ocupam o país até 1934.

1916

5 de maio — Os Estados Unidos invadem a República Dominicana. Ocupam o país até 27 de dezembro de 1924.

1918

Junho — Por causa da Revolução Soviética, os Estados Unidos fazem uma tentativa de invadir a Rússia pelo leste (Vladivostok). Mas a expedição é um fracasso, e os últimos soldados norte-americanos se retiram em 1920.

1919

Césaire começa a frequentar a escola primária de Basse-Pointe. Logo se revela um estudante brilhante.

1923

Grandes manifestações dos trabalhadores da agricultura ocorrem na Martinica. Algumas plantações são incendiadas. Os sindicatos e organizações socialistas ficam mais fortes.

1924

Césaire ganha uma bolsa para estudar no Lycée Victor-Schœlcher, na capital do país, Fort-de-France. A família muda-se junto com ele. No Lycée

Schœlcher, fica amigo de Léon-Gontran Damas, que é um ano mais velho que ele e vem da Guiana Francesa.

1925

Em junho, em sua revista *La Révolution surréaliste*, André Breton, Louis Aragon, Paul Éluard e Raymond Queneau se manifestam de maneira categórica a favor dos rebeldes marroquinos na sua luta contra colonialismo espanhol (que, de seu lado, tem o apoio do governo francês). O momento é de uma transformação do grupo, que abandona certa indiferença política e vai se engajando na luta contra o capitalismo, contra o racismo e contra o colonialismo. Breton, Éluard e Benjamin Péret entusiasmam-se com a leitura da biografia de Lênin escrita por Trotski e, junto com Aragon e vários outros surrealistas, filiam-se ao Partido Comunista, sem saber que naquele momento é Stalin que começa a mandar na União Soviética.

1930

Novembro — Aragon e outro surrealista, Georges Sadoul (depois um célebre crítico de cinema), participam do Segundo Congresso Internacional dos Escritores Revolucionários que acontece em Carcóvia (na época capital da República Socialista Soviética da Ucrânia). É de se acreditar que foram com a missão de defender os surrealistas das tantas acusações feitas por camaradas do PCF. Mas o Congresso acontecia justamente para condenar o trotskismo (ou o que quer que as autoridades soviéticas julgassem ser trotskismo), o individualismo, o esteticismo decadente e o "freudianismo". Os dirigentes soviéticos exigiam que os artistas cumprissem ordens, como quaisquer outros trabalhadores das linhas de montagem, ora! Ao final, Aragon e Sadoul não só assinaram a declaração conjunta do Congresso como também assinaram uma confissão: "consideramos necessário reconhecer certos erros que cometemos anteriormente em nossas atividades literárias, erros que garantimos não repetir no futuro". Quando as notícias chegaram ao resto dos surrealistas em Paris, foi um choque. Tanto Aragon quanto Sadoul voltaram a frequentar o grupo. Aragon se contorceu tentando convencer os companheiros de que o documento de Carcóvia não significava um rompimento com o surrealismo. Mas estava claro que ele deixava de ser surrealista para poder ser um bom stalinista, enquanto Breton e os outros se afastavam do PC para continuar surrealistas.

1931

31 de março — Início da Missão Dakar-Djibouti, uma expedição etnográfica francesa que tem como objetivo coletar peças para o museu do Trocadéro. Foi uma pilhagem: mais de 3 mil objetos foram levados para o museu. Ela atravessou a África de oeste para leste, do Senegal à Etiópia. A expedição foi liderada por Marcel Griaule, que Césaire critica no *Discurso sobre o colonialismo*. Mas teve também a participação de um futuro grande amigo de Césaire: Michel Leiris.

24 de setembro — Césaire embarca no navio *Peru* rumo à França. Ganhou uma bolsa para estudar em Paris, no tradicionalíssimo Lycée Louis-le--Grand, por onde, ao longo dos séculos, passou boa parte da elite intelectual francesa: Voltaire, Diderot, Sade, Victor Hugo, Baudelaire, Sartre...

O governo francês distribui essas bolsas para demonstrar sua generosidade, mas, principalmente, para assimilar as elites dos povos colonizados e criar futuros burocratas da administração colonial, intermediários entre os brancos e as gentes "de cor". Então há alguns outros negros estudando no Louis-le-Grand, entre eles o senegalês Léopold Senghor. "Ao descobrir Senghor, descobri a África" conta Césaire, "foi para mim uma revelação... Ele me trouxe um continente, a África, foi fantástico porque, para um antilhano, a África sempre esteve oculta".

Senghor, que é mais velho (nasceu em 9 de outubro de 1906), apadrinha o recém-chegado. Os dois se tornam amigos para o resto da vida. Formam um trio com Damas, que também está estudando na França (e, conta-se, dança muito bem o jazz). Os três frequentam o salão literário da escritora e jornalista martinicana Paulette Nardal (1896-1985) e suas irmãs Jane e Andrée. Paulette foi a primeira pessoa negra a estudar na Sorbonne. O salão das Nardal é talvez o principal fórum internacional de discussão da intelectualidade negra na época. É nele, por exemplo, que Aimé Césaire e seus amigos têm maior contato com o movimento conhecido como Harlem Renaissance, de Nova York, e que começa a se definir o movimento Negritude.

1932

Janeiro — Explode o "Caso Aragon". A revista *Littérature de la révolution mondiale* publica o poema "Front rouge", de Louis Aragon, quase um proto-punk-gangsta: "Matem a polícia/ Camaradas /Matem a polícia/ Mais a oeste, onde dormem/ as crianças ricas e as prostitutas de primeira classe", e o poema segue ordenando que se mate os social-democratas, arrasem o Elysée, explodam o Arco do Triunfo e coisa e tal. Aragon é ameaçado de processo criminal por supostamente incentivar o assassinato. André Breton sai em defesa daquele que já não é mais seu amigo, mas continua um poeta. Breton escreve um manifesto em que basicamente lembra que "Front rouge" é poesia, segue as leis da poesia e seu tribunal é o da poesia, que deve julgar apenas se "Front Rouge" é ou não boa poesia. No entanto, o tribunal do Partido Comunista Francês condena o poema. E Aragon não só se retrata pelo que escreveu, como rejeita a defesa feita por Breton. É o rompimento definitivo dos dois.

Junho — Um grupo de jovens negros martinicanos em Paris publica *Légitime Défense*, uma revista-manifesto contra o colonialismo, o racismo e "o mundo capitalista, cristão e burguês". O líder do grupo é René Ménil, que depois será parceiro de Césaire em diversas publicações. Césaire, no entanto, na época tinha suas divergências com o grupo de Ménil: "eram surrealistas como os surrealistas franceses; comunistas como os comunistas franceses. Não eram negros o suficiente". Além disso, a *Légitime Défense*, segundo Césaire, subestimava a importância da luta cultural.

1935

Fevereiro — Césaire publica o artigo "L'Étudiant noir" em uma revista chamada *L'Étudiant martiniquais*, da Associação dos Estudantes Martiniquenses, da qual se tornou presidente no final de 1934.

No mês seguinte a revista ressurge com outro nome, *L'Étudiant noir*, e Césaire é seu editor. Ele teria preferido que a revista fosse rebatizada *L'Étudiant nègre*, mas os outros estudantes do grupo acharam que soaria muito agressivo: "noir" é um termo mais educado, "nègre", um termo depreciativo. O "détournement", apropriação e inversão subversiva, de termos do racismo e do colonialismo será uma estratégia usada com alguma frequência por Césaire:

"Como os antilhanos se envergonhavam de ser negros, procuravam todos os tipos de perífrase para designar um negro. Dizia-se 'um homem de pele curtida' e outras estupidezes como essas... e então adotamos a palavra negro como uma palavra-desafio. Era um nome de desafio. Era um pouco a reação de um jovem em cólera. Já que se envergonhavam da palavra negro, justamente por isso, usaríamos a palavra negro. Devo dizer que quando fundamos *L'Étudiant noir* eu queria chamá-la, na realidade, *L'Étudiant nègre*, mas houve uma grande resistência no meio antilhano... Alguns pensavam que a palavra 'nègre' era por demais ofensiva, por demais agressiva: por isso tomei a liberdade de falar de negritude. Havia em nós um desejo de desafio, de violenta afirmação na palavra nègre e na palavra negritude" (entrevista de Césaire para o poeta haitiano René Depestre, em 1967, durante o Congresso Cultural de Havana)

A revista continua sendo o órgão da associação martiniquense, e a maioria dos textos é de martinicanos como Césaire, Gilbert Gratiant e Paulette Nardal. Mas em seu núcleo central estão estudantes de outros países, como Senghor e Damas. Este último anuncia: "*l'Étudiant noir*, um jornal associativo e de combate, com o objetivo de acabar com a tribalização e o sistema de clãs em vigor no Quartier Latin! Deixemos de ser estudantes martiniquenses, guadalupenses, guianenses, africanos ou malgaxes, para sermos apenas estudantes negros". Ainda que a revista tenha uma tiragem bem pequena, uma circulação muito restrita e poucas edições, acaba depois por adquirir grande fama na história do movimento negro. Porque é nela que surge o Negritude, um movimento literário e cultural, mas que ambiciona mudar a vida.

Em um dos textos da revista, Césaire alerta contra o perigo que o fascismo representa especificamente para os estudantes negros.

Aimé Césaire passa no vestibular da prestigiada École Normale Supérieure. Mas vive muito estressado pela pressão nos estudos e angustiado pela precariedade de sua situação financeira. Se vários de seus colegas fazem parte da elite econômica de seus países de origem, e mesmo assim, passam seus apertos, para Césaire a situação é um tanto mais difícil. Isso talvez explique um pouco seu incômodo, por exemplo, em frequentar o salão das Nardal, que considera muito "burguês".

Nessa época, começa a escrever poesia como uma espécie de terapia.

Maio/junho — Na terceira edição da *L'Etudiant noir*, no artigo "Nègreries: Conscience raciale e révolution sociale", Césaire inventa a palavra "négritude": "plantar nossa negritude como uma bela árvore, até que ela dê seus frutos mais autênticos".

Assim, o movimento iniciado por ele, Senghor e Damas ganha um nome. Depois o termo ganhará uma dimensão, ou melhor, várias dimensões que transbordam para longe seu uso original. Haverá mesmo uma "negritude" de Senghor que será diferente daquela de Césaire ou de Damas. A negritude passará a ser entendida, e criticada, como ideologia, ontologia, essencialismo e até mesmo racismo. E as críticas podem excluir sua razão de ser, mas me parecem não caber para a "negritude" de Césaire, que, em 1966, em seus *Discours sur l'art africain* chega a dizer: "nenhuma palavra me irrita mais que a palavra 'negritude'". "Minha raça", diz em outra ocasião, "é a raça humana". E em outro momento é mais específico: "Eu sou da raça daqueles que são oprimidos" ("Je suis de la race de ceux qu'on opprime").

Junho — Breton escreve o discurso que fará no Congresso dos Escritores pela Defesa da Cultura, que vai acontecer naquele mês em Paris. É um discurso furiosamente bonito que termina com a famosa afirmação: "'Transformar o mundo' disse Marx, 'Mudar a vida', disse Rimbaud: essas duas palavras de ordem são, para nós, uma só". O problema é que naqueles dias Breton encontrou por acaso, na rua, o escritor Ilya Ehrenburg, que fazia parte da delegação russa e que poucos dias antes havia dado uma entrevista na qual chamava os surrealistas de vagabundos, sodomitas, fetichistas, exibicionistas, pederastas, gigolôs parasitas, e algumas outras tantas coisas que (uma delas pelo menos) devem ter soado ofensivas a Breton, que achou por bem esbofetear Ehrenburg. Como resposta, a delegação soviética vetou a presença de Breton no tal congresso.

Mas no dia 18 de junho o poeta René Crevel se suicida. Ele era um dos organizadores do evento, amigo de Breton, e lutara muito pela participação dos surrealistas. Pode ter sido isso que sensibilizou alguém do PCF, que permitiu a leitura do discurso de Breton, mas não pelo próprio. Quem leu foi Paul Éluard. Nesse discurso, Breton defende o surrealismo, defende Rimbaud, Sade, Lautréamont, Baudelaire, Jarry e até, "à certaines réserves près", Freud ("esses nomes, nada nos fará renegar, assim como nada nos forçará a renegar os nomes de Marx e Lênin"), mas qual um convidado inconveniente (ainda que ausente), ataca o stalinismo na cultura, o esquecimento dos princípios bolcheviques pelo PC, o nacionalismo e um acordo que se celebrava ali entre a URSS e a França. É o rompimento de Breton e da maioria dos surrealistas com o Partido Comunista.

O discurso traz algumas palavras que poderiam talvez ter sido ouvidas por Césaire: "(...) a França ultraimperialista ainda estupidificada por ter incubado o monstro hitlerista(...)".

Ainda nessa época, Césaire se filia à JC (Jeunesse Communiste), organização política da juventude ligada ao Partido Comunista. A JC era uma organização de massas, portanto, aderir a ela não significava necessariamente aderir aos princípios do Partido Comunista.

Julho/agosto — Césaire viaja à Croácia com o amigo Petar Guberina, futuro linguista de muito prestígio. Vão visitar Sibenik, cidade natal de Guberina. É lá que Césaire começa a escrever o *Cahier d'un retour au pays natal*.

Outubro — A Itália fascista anuncia os planos de invadir a Etiópia.

1936

Léopold Senghor apresenta Césaire à também martiniquense Suzanne Roussi (nascida em Trois-Ilêts, em 11 de agosto de 1915), que também estuda na École Normale Supérieure e também tem muito interesse em marxismo, surrealismo e anticolonialismo. Suzanne é já colaboradora do *L'Etudiant noir*.

Césaire lê *Histoire de la civilisation africaine*, do etnólogo alemão Leo Frobenius (1873-1938). Tanto Césaire quanto Senghor são muito impactados pelo livro. Senghor chega a dizer que Frobenius "devolveu à África sua dignidade e identidade".

1937

10 de julho — Casamento com Suzanne. Eles terão seis filhos: Jacques (1938), Jean-Paul (1940), Francis (1941), Ina (1942), Marc (1948) e Michèle (1951). E farão revistas, livros, pesquisas, manifestos, viagens, conspirações...

1939

Césaire apresenta sua tese de mestrado: "O papel do Sul na literatura negra dos Estados Unidos".

Ele é dispensado do Exército, aparentemente, por causa de problemas de saúde.

Agosto — Césaire e Suzanne retornam para a Martinica, já com um filho, Jacques. Suzanne está grávida de Jean-Paul. O casal vai dar aulas. Césaire assume em outubro cargo de professor de literatura no Lycée Schœlcher.

Para entender o impacto desse novo Césaire na Martinica da época, é preciso lembrar o contexto que não era só daquele país. Quem podia tentava ser branco. Quem tinha a pele um pouco mais clara tentava disfarçar o cabelo, usava chapéu. Alguns se envergonhavam do pai, escondiam a mãe, esqueciam os avós. Aprendiam as boas maneiras dos europeus, a falar francês tão bem quanto franceses. E riam dos ridículos selvagens africanos dos filmes de Hollywood.

Mas então aparece, no tradicional Liceu Schœlcher, aquele jovem professor educado em uma das universidades mais elitistas de Paris, um erudito que fala várias línguas (inclusive latim e grego), profundo conhecedor de Victor Hugo e da literatura francesa, e que se assume como negro. Mais que isso: além de dar extravagantes aulas de literatura, com destaque para os poetas malditos (Lautréamont, Baudelaire, Rimbaud...), aquele professor também fala aos seus alunos dos antigos impérios africanos, do esplendor de Timbuktu, da universidade de Sankore Madrash, da beleza dos bronzes de Benin, do batuque brasileiro...

Foi um acontecimento em Fort-de-France. Mesmo jovens que não são seus alunos, como o futuro escritor e filósofo Édouard Glissant, dão um jeito de assistir às suas aulas. Foi um momento decisivo na vida de muitos deles, em particular do jovem Frantz Fanon, que muitos anos depois, em seu livro *Pele negra, mascaras brancas*, vai lembrar a importância daquele professor: "Até 1940, nenhum antilhano era capaz de se considerar preto. Só com o aparecimento de Aimé Césaire é que se viu nascer uma reivindicação, uma negritude assumida".

Também em agosto, uma primeira versão do *Cahier d'un retour au pays natal* é publicada na revista vanguardista francesa *Volontés*. Mas passa despercebida. Até porque, naquele momento, todos só pensam na Guerra.

1º de setembro — Hitler invade a Polônia. É o início "oficial" da Segunda Guerra Mundial.

1940

Maio — Hitler invade a França, que se rende no mês seguinte. Um governo fantoche, comandado pelo marechal Pétain, é instalado na cidade de Vichy. É de lá que as colônias francesas passam a ser administradas, com um grau de violência racista maior que o anterior. Na Martinica, o poder da elite branca (um tanto contido pela frente de esquerda que governara a França antes da Guerra) volta a ser ampliado. Não apenas os sindicatos são proibidos, mas até o Carnaval. O regime trabalha em estreita colaboração com a Igreja Católica, por isso crucifixos são espalhados por todos os edifícios públicos e a cultura afro é ainda mais reprimida.

1941

Abril — O casal Césaire, René Menil, Georges Grantiant e Aristide Maugee lançam o primeiro número da revista *Tropiques*. Inicialmente, a censura do governo colonial acreditou que seria uma inofensiva revista de poesia e folclore, por isso, a liberou. Mas depois começou a apertar cada vez mais até que, depois de cinco edições, proibiu a revista de vez.

Diversas pessoas que fugiam da Europa a caminho do exílio nos Estados Unidos são detidas na Martinica em um campo de concentração usado antes para abrigar leprosos. Entre os vários detidos estão Claude Lévi-Strauss, o anarcotrotskista Victor Serge, o pintor cubano Wifredo Lam, a neurobióloga alemã Helena Holzer (que namora e vai se casar com Lam em 1944), o pintor André Masson, André Breton e sua esposa, a pintora Jacqueline Lamba, junto com a filha do casal, Aube. As condições no tal campo são terríveis, e a polícia vive a ameaçar os refugiados, principalmente os judeus. Os detidos têm permissão para circular pela ilha, mas o medo e a paranoia são tão grandes que raros são os contatos com a população local. Mesmo assim, Breton vai a um bazar comprar uma fita para Aube e descobre lá a revista *Tropiques*. E, em meio a tanta tensão, fica encantado: é para ele melhor que tudo o que se faz na França naquele momento. A balconista do bazar é irmã de René Menil e se oferece para a apresentar Breton ao grupo da *Tropiques*. O encontro, com a participação de Lamba, Aube, Masson, Wifredo Lam e Holzer, é uma maravilha para todos. Vão passear pela floresta. Passam todos os dias juntos. Apesar de terem morado na França e provavelmente terem até maior conhecimento da literatura clássica francesa, Aimé e Suzanne jamais teriam a chance de falar com Breton em Paris: lá seriam "periferia" demais. Agora não só tinham a chance de conversar com o papa do surrealismo, mas ouviam dele os maiores elogios. Breton lê o *Cahier d'un retour au pays natal* e diz, algo que escreveria depois que é "o maior monumento lírico do nosso tempo", Césaire "é o protótipo da dignidade", e sua palavra é "bela como o oxigênio nascente". Breton torna-se o grande divulgador de Césaire e do grupo da *Tropiques*.

1943

Janeiro — *Retorno al país natal*, uma edição em espanhol de *Cahier d'un retour au pays natal*, é publicada em Cuba. É não só a primeira tradução de uma obra de Césaire, é também a primeira publicação dele em forma de livro. A tradução é de Lydia Cabrera, uma poeta e antropóloga cubana, pioneira nos estudos da santeria e da cultura afro-antilhana. As ilustrações são de Wifredo Lam, e o prefácio, de Benjamin Péret, outro surrealista que, até mais que Breton, ligou-se ao trotskismo. É bom lembrar que, à época, Péret já havia morado no Brasil onde, além de fazer parte dos movimentos trotskista e antifascista, pesquisara bastante a cultura afro-brasileira e escrevera, entre 1930 e 1931, uma série de artigos chamados "Candomblé e Macumba" para o jornal *Diário da Noite*. Péret fala de seu assombro com a obra de Césaire:

"Tenho a honra de saudar aqui um grande poeta, o único grande poeta de língua francesa que apareceu em vinte anos. Pela primeira vez, uma voz tropical ressoa em nossa língua, não para apimentar uma poesia exótica, um ornamento de mau gosto para um conteúdo medíocre, mas para fazer brilhar uma poesia autêntica que brota de troncos podres de orquídeas e borboletas elétricas que devoram a carniça; uma poesia que é o grito selvagem de uma natureza dominadora, sádica, que engole homens e suas máquinas como as flores engolem os insetos imprudentes."

Maio — A censura do governo colaboracionista proíbe a *Tropiques*.

29 de junho — Uma insurreição popular derruba o governo colaboracionista na Martinica. Antes da França, a Martinica se livrou dos fascistas.

A *Tropiques* pode voltar a circular, mas continua a ter problemas com a censura, agora por causa da guerra entre Césaire e as autoridades católicas. O anticlericalismo de Césaire é alimentado por seu marxismo e seu surrealismo, mas também pelo ódio à repressão que a Igreja promove contra a cultura de origem africana.

1944

Agosto — Paris está livre. Os alemães batem em retirada. Na Martinica, que é já administrada pelas autoridades gaullistas, o tenente André Kaminker, encarregado de supervisionar a imprensa local (além de ser, é pai da atriz Simone Signoret), informa seus superiores de que foi obrigado a censurar a *Tropiques* por causa de um ataque "indecentemente violento" de Césaire contra o bispo local. Não se sabe o que foi censurado, mas no que chegou a ser publicado Césaire ri da afirmação do bispo de que os ideais de liberdade, igualdade e fraternidade são também os do cristianismo, lembra do acordo do Vaticano com Mussolini e diz que durante a Guerra a Igreja "se jogou nos braços de Phillipe Pétain".

Maio a dezembro — Aimé e Suzanne passam uma temporada de vários meses no Haiti. São convidados do escritor e "médico surrealista" Pierre Mabille, adido cultural da embaixada francesa e amigo de André Breton. O casal vai conhecer as pesquisas a respeito do vodu e da cultura afro-haitiana desenvolvidas por Mabille, pelo escritor Jacques Roumain e pelo etnólogo Alfred Métraux. O Haiti terá sempre uma importância muito grande no pensamento de Césaire.

As autoridades francesas passam a ser mais atentas aos passos de Césaire depois dessa viagem. Temem que ele esteja se articulando em um movimento pela libertação das colônias caribenhas. Uma das razões da desconfiança é justamente o envolvimento com Roumain, que, além de escritor e poeta, é também o fundador do Partido Comunista do Haiti. Roumain morre misteriosamente em agosto de 1944, aos 37 anos, logo depois de retornar de um encontro com militantes comunistas em Cuba. Suspeita-se que tenha sido envenenado.

1945

8 de maio — Rendição da Alemanha. É o fim da Segunda Guerra na Europa.

Nesse mesmo dia, na cidade de Sétif, na Argélia, cerca de cinco mil muçulmanos comemoram a vitória que também é deles (muitos argelinos fazem parte das tropas francesas) e aproveitam para se manifestar em favor de uma maior autonomia em relação à França. A polícia colonial reprime o ato violentamente. Em meio aos tumultos que se seguem, vários europeus são mortos. Depois de cinco dias, a revolta é controlada. Mas, mesmo assim, as forças militares coloniais decidem se vingar fazendo um massacre, com a participação de milícias e da Legião Estrangeira. Não há certeza de quantas foram as vítimas, os números citados nos livros e reportagens vão de 6 mil a 45 mil muçulmanos mortos.

27 de Maio — Sua firme postura contra o racismo, o colonialismo e o fascismo naqueles anos do governo Vichy tornaram Césaire popular em Fort-de-France, e os amigos (alguns deles da seção martinicana do Partido Comunista Francês) o lançam candidato a prefeito. Ele é eleito, até porque, apesar de certa timidez, revela-se um orador poderoso (conta-se que algumas pessoas ficavam tão emocionadas com seus discursos que tinham até convulsões). E foi reeleito seguidamente pelas cinco décadas seguintes.

21 de outubro — Também com o apoio dos comunistas, é eleito deputado da Martinica para a Assembleia Constituinte francesa. Vencerá todas as eleições seguintes, mantendo o cargo de deputado até 1993. Um dos seus mais entusiasmados cabos eleitorais é jovem Frantz Fanon.

Novembro — Aimé e Suzanne viajam para Paris no dia 12, com uma escala em Nova York, onde reencontram André Breton. A milionária Peggy Guggenheim promove uma recepção em seu apartamento para homenagear Césaire. Para subir ao andar, Aimé e Suzanne são obrigados a usar o elevador de serviço.

7 de dezembro — Césaire filia-se ao Partido Comunista Francês. Em um folheto de propaganda do Partido, produzido em 1947, ele justifica sua adesão: "Entrei para o Partido Comunista porque, num mundo que não se curou do racismo e o qual a exploração feroz das populações coloniais persiste, o Partido Comunista encarna a vontade de trabalhar efetivamente pelo advento da única ordem social e política que podemos aceitar, porque tem como base o direito à dignidade de todos os homens, sem preconceito de origem, religião ou cor da pele".

Em 1994, em uma entrevista para a *Nouvel Observateur*, Césaire fala de seu incômodo dentro do partido, da dificuldade em ser o que os dirigentes esperavam e parece citar Pascal e a "cura da descrença" pelo "agir como se acreditasse" ao explicar sua vida de militante: "Por dez anos, eu realmente tentei ser. Fiz o meu melhor. A partir do momento em que entrei para o Partido, comecei a estudar Marx, Lenin e até Stalin. De boa-fé. Como você aprende latim ou grego. Aliás percebi que meus camaradas eram muito ignorantes da doutrina. Em suma, tentei acreditar". Césaire interessava ao PC por sua popularidade na Martinica, seu prestígio como poeta e seu trânsito com o movimento pan-africano. Mas ele nunca chegou a ser um dirigente da burocracia partidária e até seu rompimento espetacular, sua relação com o PCF foi quase sempre de desconfiança mútua. Diante disso, é de se perguntar: por que então ele entrou para o Partido?

É verdade que foi um tanto empurrado ao cargo de prefeito e deputado por seus amigos do Partido e, sem dúvida, era já fazia muito tempo influenciado por leituras marxistas. Mas Senghor, por exemplo, que também o acompanhou nessas leituras, juntou-se aos social-democratas da SFIO (Section française de l'Internationale ouvrière, que depois muda o nome para Partido Socialista). Uma pista talvez esteja na mesma entrevista que Césaire deu ao *Nouvel Observateur*: "Meu temperamento é bastante explosivo. (...) Senghor era muito reflexivo, muito senhor de si. Basicamente, Senghor é um patrício negro. Nunca devemos esquecer que nós, antilhanos, somos descendentes de escravos. Nós somos seres dilacerados. A condição das Índias Ocidentais é patética. Fomos enganados, oprimidos, despojados de nossa terra e nossa língua. É por isso que havia em mim essa necessidade de rugir, essa raiva fundamental, e porque minha poesia é feita de revoltas, angústias e apelos à reconquista. Recuperar-me é a minha obsessão!". Se Senghor conseguia conviver então com a postura da direção da social-democracia francesa, que propunha apenas um colonialismo mais "humano", menos violento, mais "civilizado", para Césaire isso não bastava, era organicamente inaceitável. Os leninistas, por outro lado, pelo menos nas declarações, eram radicalmente anticolonialistas. Mas se era para ficar no campo do leninismo, por que Césaire não se tornou trotskista como seus amigos Breton e Péret? Ou como o trinitário C. L. R. James, com quem tinha tanta coisa em comum?

Acontece que, em 1945, o movimento trotskista estava em frangalhos, depois de anos sendo massacrado pela repressão dos países capitalistas, pelo fascismo e pelo stalinismo, que moveu contra ele não só uma campanha de difamação, mas uma verdadeira guerra de extermínio físico (Trotski está muito longe de ser o único dos líderes bolcheviques assassinados a mando de Stalin: várias milhares de pessoas foram executadas por serem trotskistas, semitrotskistas, um pouco trotskistas ou cúmplices dos trotskistas). Até por causa dessa pressão, o trotskismo estava dilacerado por cisões, rachas e paranoias. Tinha importância entre os intelectuais de esquerda, alguma entrada nos meios estudantis, mas não penetração relevante no movimento dos trabalhadores. O próprio Breton tinha muito mais entusiasmo por Trotski que interesse em se envolver na luta de classes.

Ainda que, como em Breton, a poesia e a política estivessem muito misturadas em Césaire, este tinha muito claro como dosar cada uma a cada momento: o mesmo homem que disse "Não separo minha ação política do meu engajamento literário", também disse "O escritor escreve no absoluto. Um político trabalha no relativo". Césaire, como homem político, sempre foi um pragmático. Imagino se não teria feito as contas: a Assembleia Constituinte para a qual fora eleito tinha 585 membros, sendo que 63 deles representavam as colônias. Ou seja, não era proporcional ao tamanho da população de cada lugar (as colônias africanas, por exemplo, somavam quase 49 milhões de habitantes, contra 43 milhões da França). As regras eleitorais impediam a maior parte da população das colônias de votar. Portanto, se as colônias queriam avançar na direção de maior autonomia, seus deputados precisavam se aliar a alguma força política francesa, necessariamente de esquerda ("Negritude é parte da esquerda", diz Césaire em sua famosa entrevista para o poeta René Depestre, "nunca pensei por um momento que nossa libertação poderia vir da direita, é impossível"). Vários, como Senghor, se juntaram aos social-democratas. Césaire se filiou ao PC e, significativamente, o fez na França, não na Martinica.

1946

Março — Como deputado, Césaire cumpre a missão dada por seus eleitores e torna-se o principal promotor da lei que transforma antigas colônias francesas (Martinica, Guadalupe, Guiana e ilhas Reunião) em *départaments*, um status algo semelhante ao dos estados brasileiros. Graças à sua habilidade política, a lei é aprovada unanimemente no dia 13 de março, mas a ala direita da Assembleia consegue fazer com que sua implementação seja adiada por dois anos e, ainda assim, com tantas emendas que ela resta descaracterizada. Vários aliados na Martinica criticam duramente Césaire porque entendem que a lei desvia o foco da luta principal, que é pela independência completa das colônias.

11 de abril — Aprovação da Lei Houphouët-Boigny, que abole o trabalho forçado. Houphouët-Boigny, que muitos anos depois se tornaria "presidente vitalício" da Costa do Marfim (e alinhado com a França e os Estados Unidos), era na época um aliado dos comunistas na Assembleia.

Abril — A Gallimard publica *Les Armes miraculeuses*, uma coletânea de poemas, entre eles "Batouque", sobre o som dos tambores brasileiros. Alguns de seus camaradas do Partido Comunista criticam o que consideram uma linguagem obscura. Roger Garaudy, um dos "filósofos oficiais" do Partido, até fala bem do livro na resenha que publica no *Humanité* (em 24 de agosto de 1946), mas diz que é melhor quando Césaire "se afasta com mais força dos hieróglifos surrealistas". Se a relação do Partido com o político Césaire caminha aos tropeços, com o poeta Césaire é ainda mais problemática. É de se imaginar que a amizade dele com André Breton o torne muito suspeito. Os Partidos Comunistas orientavam seus militantes a não ter quaisquer relações pessoais com trotskistas. Além do mais, Louis Aragon, agora inimigo de Breton e do surrealismo, e defensor do realismo socialista, vai ascendendo para se tornar o poderoso chefão da área cultural do stalinismo francês.

Junho — Césaire é reeleito deputado, mas as novas eleições colocam novamente a direita à frente do governo francês, e ela não está disposta a permitir que as leis de descolonização sejam aplicadas com facilidade.

Césaire conhece o escritor e etnólogo Michel Leiris, outro amigo para o resto da vida.

27 de outubro — A Assembleia decide abolir o Império Francês e, no lugar, surge a União Francesa. As colônias do Caribe e do norte da África agora se chamam *départaments d'outre-mer* e as da África subsaariana se tornam *territoires d'outre-mer*, Togo e Camarões se tornam *territoires associés*. As colônias da Indochina (Vietnã, Camboja e Laos) e as ilhas Wallis-et-Futuna (na Polinésia) tornam-se protetorados, como o Marrocos e a Tunísia. Na prática pouco mudou além do nome e, nos anos seguintes, os "novos cidadãos franceses" ficaram bem decepcionados.

1947

Janeiro — A Brentano (selo de Nova York especializado em livros em francês) publica uma nova edição do *Cahier*, com várias modificações em relação às edições anteriores.

Março — A Bordas (de Paris) publica sua edição, também modificada, com ilustrações de Wifredo Lam e prefácio de André Breton:

"Portanto, desafiando sozinho uma época, quando parecemos estar testemunhando a rendição absoluta do espírito, em que nada parece ser criado mais do que com a intenção de aperfeiçoar o triunfo da morte, em que a arte ameaça se congelar nos bens do passado, a primeira nova inspiração, revigorante, capaz de restaurar toda a confiança, é a contribuição de um negro.

E é um homem negro que usa a língua francesa de uma maneira que um branco não conseguiria. E é um negro que nos guia hoje no desconhecido, estabelecendo progressivamente, de maneira exata, os passos que nos fazem avançar entre as fagulhas. E é um homem negro que não é apenas um homem negro, mas o homem inteiro, que expressa todas as interrogações, todas as ansiedades, todas as esperanças e todos os êxtases e que se impõe cada vez mais a mim como protótipo da dignidade.")

Ainda nesse mesmo mês Césaire protesta no parlamento contra a brutal repressão colonial à revolta de Madagascar.

Julho a outubro — Césaire colabora com uma exposição surrealista organizada por Breton e Marcel Duchamp. Os camaradas do PC se exasperam com a continuidade dessa ligação com os surrealistas.

O senegalês Alioune Diop, radicado na França, funda a revista *Présence Africaine*, uma referência essencial do pan-africanismo. Césaire aparece como um dos patronos da revista, junto com Senghor, Sartre, Camus, André Gide, Michel Leiris (que é quem sugere a forte imagem do logo da editora), Picasso, Joséphine Baker, Richard Wright, James Baldwin e outros. Apesar disso, Césaire não participa muito da revista. Provavelmente porque o Partido Comunista não via com bons olhos o envolvimento em uma publicação sobre a qual não tinha controle. Depois, a *Présence Africaine* vai se tornar também uma editora de livros.

1948

Janeiro — Um decreto formaliza a desigualdade de salários dos funcionários públicos franceses com relação aos dos funcionários públicos nativos das colônias. Em protesto, Césaire renuncia ao cargo de secretário da Assembleia Nacional.

Abril — Pela editora K, Césaire publica *Soleil cou coupé*, um livro de poesias.

É convidado por algum equivocado da revista conservadora *Chemins du monde* a escrever um artigo sobre a União Francesa. Provavelmente esperava-se um louvor ao papel civilizatório da França. Césaire escreve o artigo "L'Impossible Contact", uma denúncia do colonialismo: "Não, a colonização não leva a civilização ao povo oprimido. Ao contrário, ela desumaniza o homem, tanto o colonizador como o colonizado." É o texto que dá origem ao *Discurso sobre o colonialismo*.

Na Assembleia, os deputados da Direita se sentem ofendidos pelo que Césaire fala do colonialismo francês. Uma cena típica:

Sr. Paimbœuf: O que seria de você sem a França?
Sr. Césaire: Um homem de quem não teriam tentado tirar a liberdade...
Sr. Theetten: Isso é ridículo!
Sr. Caron: Você é um insulto à pátria!
Sr. Bayrou: Mas você ficou muito feliz que nós tenhamos ensinado a ler!
Sr. Césaire: Não foi você, Sr. Bayrou, quem me ensinou a ler, e foi graças ao sacrifício de milhares e milhares de martinicanos que sangraram suas veias para que seus filhos pudessem ser educados e pudessem defendê-los um dia!"

Agosto — Participa do Congresso Mundial dos Intelectuais pela Paz, na Breslávia (Polônia), que reúne os mais célebres artistas e intelectuais de esquerda da época. Entre eles, Picasso, Bertolt Brecht, György Lukács, Louis Aragon, Pablo Neruda, Henri Wallon, Minnette de Silva e vários brasileiros: Jorge Amado, Mario Schenberg, Carlos Scliar, Claudio Santoro, Paulo Emílio Sales Gomes (que, no entanto, recusou-se a assinar o manifesto final do congresso, por julgá-lo pró-stalinista).

Nesse momento, o foco de Césaire é a luta política. Participa de diversas manifestações do PC, vive em constante guerra no parlamento contra a direita colonialista, denuncia a violência dos militares, defende ativistas e, principalmente, luta para melhorar a situação econômica da Martinica e para que os martinicanos tenham de fato os direitos de cidadãos da União Francesa. Chega até a escrever propaganda, "poèmes de circonstance", para o partido (textos que depois irá renega). Escreve um poema em homenagem ao dirigente Maurice Thorez, e Louis Aragon comemora no *Justice*, semanário da Féderation Communiste da Martinica: "é com grande emoção que o antigo surrealista que sou saúda Aimé Césaire, o grande poeta que também foi surrealista como eu, como um dos grandes poetas políticos de hoje". Esse " também foi" mostrou-se bem precipitado. E o próprio Aragon deve saber disso, tanto que veta a participação de Césaire na *Lettres françaises*, a revista semioficial da política cultural do PCF. Passado pouco tempo, Aragon vai proibir até mesmo que o nome de Aimé Césarie seja citado na revista. Anos depois, Césaire vai se referir a Aragon como o "petit marquis aux talons rouges" ("o pequeno marquês de saltos vermelhos").

Nese mesmo ano, Jean-Paul Sartre escreve sobre Césaire em "Orphée Noir", um prefácio para uma antologia de poetas negros organizada por Senghor para a Présence Africaine: "A densidade dessas palavras, lançadas ao ar como pedras por um vulcão, é a negritude que se define contra a Europa e a colonização. O que Césaire destrói não é toda a cultura, é a cultura branca; o que ele traz à luz não é o desejo genérico, são as aspirações revolucionárias do negro oprimido; o que ele toca fundo não é o espírito, mas uma forma de humanidade concreta e específica (...) as palavras de Césaire são pressionadas umas contra as outras e cimentadas por sua furiosa paixão. Entre suas arriscadas comparações e os termos mais remotos, corre o fio secreto de ódio e esperança".

1949

1º de outubro — Mao toma o poder, nasce a República Popular da China.

1950

Corps perdu, livro de poemas, é publicado. As ilustrações são de Picasso.

7 de junho — É publicada a primeira edição do *Discours sur le colonialisme*, pela Éditions Réclame, uma pequena editora de Nanterre, dirigida por alguns camaradas do Partido Comunista. Naquele momento, o livro não chama tanta atenção. Alguns trechos são publicados no *Humanité* e no *Justice*. O texto surge a partir da furiosa e constante argumentação lógica de Césaire na Assembleia Nacional, mas avança ao usar as ferramentas que só o surrealismo tinha para demonstrar o ridículo dos pomposos representantes do hipócrita humanismo europeu.

1952

Em *Pele negra, máscaras brancas*, Frantz Fanon abre o livro com uma citação do *Discurso sobre o colonialismo*. Césaire é a primeira pessoa a quem Fanon apresenta o livro. Apesar das eventuais divergências políticas, os dois manterão sempre uma relação muito afetuosa.

14 de agosto — O sociólogo e demógrafo francês Alfred Sauvy cria o termo "Terceiro Mundo" (tiers monde) em um artigo publicado no *L'Observateur*. Décadas depois, o próprio Sauvy vai criticar a fragilidade do conceito. Mas o termo foi útil por muito tempo nas tentativas de articular a união de países pobres (uns mais, outros menos) para uma resistência conjunta, e independente da URSS, contra o colonialismo e o imperialismo.

1953

Março — Césaire é enviado à Moscou para acompanhar o funeral de Stalin. Escreve um artigo propagandístico, que a bem da verdade não é exatamente sobre Stalin, mas a respeito do imenso luto da população russa pela morte do líder. Mesmo assim, é um texto banal, a ponto de haver a suspeita de que tenha sido na verdade escrito (ou ao menos bem reescrito) pelo departamento de propaganda soviético. É publicado originalmente em russo, fica esquecido e, tão renegado pelo poeta, jamais é incluído nas coletâneas de sua obra completa.

1954

3 a 7 de junho — No XIII Congresso do PCF, Césaire diverge da linha do Partido a respeito da política para as Antilhas. Ele defende muito mais autonomia para as ex-colônias.

18 de junho — Na Guatemala, um grupo militar comandado pela CIA derruba o presidente eleito Jacobo Árbenz e coloca no poder Carlos Castillo Armas, o primeiro de uma série de ditadores que virão dominar o país pelos próximos quarenta anos, sempre com o apoio dos Estados Unidos.

Novembro — O Front de Libération Nationale inicia a luta armada pela independência da Argélia. É um grupo pequeno. Mas a resposta do governo colonial francês é avassaladora. Em alguns meses, o número de soldados franceses na Argélia passa de 50 mil para 200 mil. Em geral, os historiadores usam o termo "guerra colonial" para descrever o que acontece na sequência, mas a melhor palavra talvez seja "massacre".

1955

A edição de abril/junho da revista *Presence Africaine* publica "Réponse à Depestre poète haïtien (Eléments d'un arte poétique)", um poema/carta aberta/apelo de Césaire endereçado ao poeta haitiano René Depestre, que havia anunciado sua adesão à orientação de Louis Aragon para um retorno às regras tradicionais do verso. O poema também é conhecido como "Lettre brésilienne" porque, à época, Depestre estava em São Paulo, Brasil. Césaire, de Paris, pede que Depestre ouça o que dizem os batuques brasileiros: "Depestre/ de la Seine je t'envoie au Brésil mon salut à toi à Bahia à tous les saints/ à tous les diables/ Cabritos cantagallo Botafogo/ bate/ batuque/ à ceux des favelas" (Depestre/ aqui do Sena eu lhe envio ao Brasil minha saudação à Bahia a todos os santos/ a todos os diabos/ Cabritos cantagallo Botafogo/ bate/ batuque/ para os das favelas). Até aí tudo bem, o comissário Aragon olhando esse trecho talvez fosse corrigir apenas a pontuação, cortar arestas, eliminar certas palavras, apagar certas imagens, calar o ritmo, lamentar o excesso de liberdade e condenar o poeta a seis meses de trabalhos forçados lustrando bustos de Stalin. O maior problema é o trecho em que Césaire explicita sua diferença com Aragon e com os ditames stalinistas, tradicionalistas, do que é um poema "correto": "que le poème tourne bien ou mal sur l'huile des gonds / fous-t'en Depestre fous-t'en laisse dire Aragon" (se o poema dobra bem ou mal no óleo de suas dobradiças / não importa Depestre não importa deixa o Aragon falar). Estava óbvio que o rompimento de Césaire com o Partido Comunista Francês era apenas questão de tempo.

A própria reaproximação de Césaire com a Présence Africaine era talvez já sinal de seu afastamento do PC. O poeta refaz, para a editora, o texto para uma nova edição, ampliada e atualizada, do *Discurso sobre o colonialismo*. É a partir dessa reedição que o livro se torna de fato "a bíblia de todos os militantes anticolonialistas em luta contra a dominação europeia", como dizem Roger Toumson e Simone Henry-Valmore na biografia *Aimé Césaire, le nègre inconsolè*.

Outro sinal de que o rompimento com o PCF se aproximava talvez seja a mensagem que Césaire escreve no exemplar autografado para André Breton: "A André Breton, de quem me separei apenas por circunstâncias passageiras. Com a garantia de minha fidelidade ao essencial do que ele continua a meus olhos o intérprete mais qualificado".

Novembro — Césaire faz parte, junto com intelectuais como Sartre e Edgar Morin, do Comitê contra a Guerra na Argélia. No primeiro dia desse mês, tem início a Guerra do Vietnã.

1956

2 de janeiro — Nas eleições (antecipadas) os social-democratas da SFIO são eleitos prometendo "paz na Argélia". Seu secretário-geral, Guy Mollet, agora chefe do governo, diz que a guerra na Argélia é "imbecil e sem sentido". Mas, apesar de tudo, considera que a independência "é uma solução

inaceitável para a França, que se tornaria uma potência menor". Ou seja, a "paz" preconizada pelos social-democratas era uma em que os argelinos deveriam abaixar a cabeça e aceitar o que fosse imposto pelo governo colonial francês. Mesmo assim, Mollet é recebido a tomatadas pela extrema-direita francesa ao fazer uma visita à Argélia. Como se sabe, sempre que a valente social-democracia é atacada pela direita, essa reage atacando a esquerda e a classe trabalhadora. Por isso, Mollet endurece ainda mais a repressão contra os argelinos. Legaliza os campos de concentração que já existiam, libera os julgamentos sumários dos tribunais militares e dá poder de polícia para os militares. Em 12 de março, a assembleia votar conceder poderes especiais para Mollet cuidar da questão argelina. O Partido Comunista vota com a maioria, a favor, na esperança de ser convidado a fazer parte do novo governo. Ou seja, o partido abandona a luta anticolonial. Como membro do PCF, Césaire é obrigado a votar com a maioria, mas, imediatamente depois da votação, ainda em frente à porta da assembleia, na rua, explode em fúria contra a direção partidária. Césaire vai lembrar o caso Mollet em outubro, em sua carta de desfiliação.

25 de fevereiro — No 20º Congresso do Partido Comunista da União Soviética, o novo chefe de governo, Nikita Khrushchev, apresenta o relatório elaborado a partir das investigações da Comissão Pospelov a respeito de crimes cometidos por Stalin. Entre tantos horrores que são relatados, a Comissão Pospelov apresenta evidências de que apenas nos anos 1937 e 1938, mais de um milhão e meio de pessoas foram presas por "atividades antissoviéticas" e mais de 680 mil foram executadas. Era para ser um relatório secreto e foi lido a portas fechadas, apenas para a alta hierarquia partidária. Mas, depois de alguns meses, o texto acabou vazando (talvez pelo próprio Khrushchev) para a imprensa internacional. Em março o *The New York Times* falou dos boatos a respeito de sua existência e em junho publicou o relatório. Para anarquistas, trotskistas e outras tantas correntes da esquerda revolucionária, não havia tanta surpresa: eles denunciavam essa violência há muito tempo. Mas para os militantes dos vários partidos comunistas, o relatório Khrushchev cai como uma bomba. Os stalinistas ficaram desnorteados.

A atitude da direção dos partidos comunistas em geral foi de primeiro negar a autenticidade, depois de fingir indiferença. Isso só serviu para exasperar aqueles que esperavam um compromisso de mudança ou, ao menos, um posicionamento qualquer. Ficou patente o quanto as direções comunistas eram subservientes a Moscou. Por consequência, ficou também evidente a ausência de democracia interna, de debate aberto e transparência dentro dos partidos comunistas.

Abril — Césaire escreve o prefácio do livro *Les Antilles décolonisées*, de Daniel Guérin, que transita pelo trotskismo, pelo anarquismo, pelo luxemburguismo, mas é sempre muito antistalinista. Gúerin é também um pioneiro da luta anti-homofóbica, conhecido hoje como "o vovô do moderno movimento homossexual francês". O Partido Comunista não deve ter gostado nada. Aragon, que naquele tempo esconde seu bissexualismo no armário, menos ainda.

Julho — 400 mil soldados franceses já se encontram na Argélia.

A Présence Africaine publica a edição definitiva do *Cahier d'un retour au pays natal*, com prefácio do velho amigo Petar Guberina.

Setembro — Apesar da oposição do Partido Comunista, Césaire participa do Primeiro Congresso Internacional dos Escritores e Artistas Negros, na Sorbonne, organizado pela *Présence Africaine*.

23 de outubro — Explode a Revolução Húngara.

24 de outubro — Césaire rompe com o Partido Comunista Francês, com uma carta aberta a Maurice Thorez, seu dirigente máximo. O problema, do ponto de vista de Césaire, não eram apenas os crimes relatados por Khrushchev, que por si só já envergonhavam todos os filiados do partido, mas a resistência do PCF em condenar tais crimes e em promover uma desestalinização, a perseverança nas mentiras e nos "métodos antidemocráticos próprios de Stalin, enfim, por tudo que nos permite dizer que o stalinismo francês sobreviveu a Stalin". E isso, na visão de Césaire, se refletia na maneira como o Partido tratava a questão colonial. Um reflexo tinha sido o apoio à política de Guy Mollet na Argélia. Assim como a defesa dos interesses da URSS estava acima da defesa dos interesses da classe trabalhadora francesa, a defesa dos interesses eleitorais imediatos do PCF estava acima da defesa dos povos dos países colonizados. Césaire

vê nos líderes do Partido Comunista Francês o "inconsciente chauvinismo, a fé simplista, que compartem com os burgueses europeus, na superioridade do Ocidente; sua crença de que a evolução que teve lugar na Europa é a única evolução possível, a única desejável (...) É preciso dizer que os comunistas franceses tiveram um bom professor: Stalin. Stalin de fato é aquele que reintroduziu a noção de povos 'avançados' e 'atrasados' no pensamento socialista".

"Acredito deixar claro que não estou renunciando ao marxismo nem ao comunismo, o que condeno é o uso que alguns fazem do marxismo e do comunismo. O que quero é que o marxismo e o comunismo sejam postos a serviço do povo negro, e não que o povo negro seja posto a serviço do marxismo e do comunismo. A doutrina e o movimento devem servir aos homens, não os homens servirem a doutrina ou ao movimento".

4 de novembro — O Exército Vermelho invade Budapeste para acabar com a Revolução Húngara. Calcula-se que 20 mil pessoas foram mortas nessa invasão. Dezenas de milhares de pessoas fugiram do país, 13 mil foram presas, 2 mil foram processadas, e 350, condenadas à forca. Para muitos militantes comunistas do mundo inteiro foi a pá de cal nas esperanças que ainda mantinham nos líderes dos partidos comunistas. A debandada é enorme.

1957

Julho — Aimé Césaire se une ao grupo dos africanos federalistas na Assembleia Nacional.

22 de setembro — François Duvalier é eleito presidente do Haiti e instala um governo que defende tradições afro-americanas, mas que, em pouco tempo, descamba para uma ditadura sanguinária, apoiada pelos Estados Unidos. Duvalier se autoproclama "presidente vitalício" e, quando morre, é sucedido por seu filho, Baby Doc, que governa até 1986, quando a grande crise econômica leva os Estados Unidos a retirarem seu apoio, e ele é obrigado a se exilar na França. Em abril de 1972, em um debate realizado em Quebec, no Canadá, Césaire declara que a ditadura de Duvalier no Haiti é uma perversão da negritude.

1958

Março — Césaire funda o Parti Progressiste Martiniquais, cuja palavra de ordem é "uma Martinica autônoma numa França descentralizada", e a ambição é instaurar um "tipo de comunismo martinicano mais decidido e responsável no pensamento e ação". Em pouco anos, o PPM torna-se o principal partido do país.

Césaire lança *Et Les chiens se taisaient*, um poema dramático.

Abril — O PPM fica à frente do Partido Comunista e dos social-democratas nas eleições da Martinica.

4 de outubro — Numa tentativa de arrefecer os desejos de independência das ex-colônias sem, no entanto, perder o controle sobre elas, o governo francês substitui a União Francesa pela Comunidade Francesa, que promete muito mais autonomia a cada uma das nações integrantes. A França mantém o controle da emissão da moeda, das forças armadas e da política externa. A Guiné não aceita a proposta e proclama sua independência.

1959

1º de janeiro — Vitória da revolução cubana. O ditador Fulgêncio Batista foge de Havana. Fidel Castro toma o poder.

26 de março a 1º de abril — o Segundo Congresso Internacional dos Escritores e Artistas Negros acontece em Roma. Em uma entrevista à pesquisadora belga Lilyan Kesteloot, Césaire mais uma vez insiste: "negritude não significa racismo, nem negação da Europa, nem exclusivismo, mas, ao contrário, a fraternidade com todos os homens(...). Assim definido, negritude é, para o homem negro, a condição *sine qua non* da autenticidade da criação em qualquer domínio que seja".

1960

Com a Comunidade Francesa a caminho do fim (que acontecerá em 1961), vários países africanos declaram independência: Senegal (4 de abril), Togo (27 de abril), Mali (20 de junho), Madagascar (26 de junho), Benin (1 de agosto), Níger (3 de agosto), Alto Volta (5 de agosto; em 1984 o país mudou de nome para Burkina Faso), Costa do Marfim (7 de agosto), Chade (11 de agosto), República Centro-Africana (13 de agosto), Congo (15 de agosto), Gabão (17 de agosto) e Mauritânia (28 de novembro).

Léopold Senghor é eleito o primeiro presidente do Senegal. E permanece no cargo por 20 anos, sempre muito alinhado com a França. Digamos apenas, que a história de sua presidência não foi muito bonita.

Apesar dos próprios desejos, Césaire não segue o movimento, não defende a independência para seu país. Luta ferozmente por maior autonomia da Martinica, mas como parte da França. De novo, o pragmatismo do homem político. A Martinica é um país pequeno (apenas 1.128 km quadrados) e, com a decadência da cultura canavieira, muito dependente da ajuda econômica francesa. Dado o contexto do mundo, a esperança seria a industrialização. Já no discurso do congresso de fundação do Parti Progressiste Martiniquais, em 22 de março de 1958, Césaire alerta: "Se há uma coisa que nosso Congresso deixa claro é que, para nosso país subdesenvolvido, a industrialização é uma questão de vida ou morte". Em 1961, na revista *Présence Africaine*, ele volta a insistir: "A necessidade de empreender nas Antilhas e na Guiana uma política resoluta de industrialização representa o único caminho para a salvação".

O professor norte-americano Nick Nesbitt, especialista na história do Caribe, chama a atenção para a quantidade de "eloquentes, vigorosos e até incendiários (mas infelizmente pouco notados) discursos que Césaire faz na Assembleia Nacional Francesa apelando incansavelmente, ano após ano, por 'modernização', 'desenvolvimento', 'construção', 'equipamento', 'reorganização', 'reforma agrária' e 'industrialização' da Martinica, apelos pelo desenvolvimento do 'trabalho', 'urbanismo', 'investimento', 'crédito', 'eletricidade', 'comercio', 'grandes obras'". Nesbitt vê uma decisiva influência do exemplo soviético na concepção de política econômica de Césaire, que estaria condenada desde o início devido aos rumos do capitalismo mundial contemporâneo.

Seja como for, a Martinica não é a Rússia, nem é, por exemplo, Angola, que, com suas tantas riquezas minerais, poderia ser uma das nações mais ricas do mundo, não fosse a brutalidade das pressões impostas pelo colonialismo e pelo imperialismo. Hoje, a economia da Martinica depende mais que tudo do turismo, e a indústria de exportação que mais se desenvolveu é a da fabricação do rum, a partir do que restou da cultura da cana no país.

Então Césaire se equilibra, nas décadas em que foi um líder político da Martinica, entre ser um dos principais inspiradores das lutas de libertação terceiro-mundistas e o posto de deputado da Assembleia francesa. Líder comunista que sobrevive em meio ao inferno da Guerra Fria nas Américas, sem estar alinhado com a URSS, antistalinista, e com o imperialismo dos Estados Unidos uivando de raiva em torno de Cuba e massacrando quem quer que ameace falar em socialismo.

Além disso, Césaire vê os sonhos de uma África unida, socialista, desmancharem-se em tribalismos brutais. Vê que declarações de independência não bastam para garantir que um país torne-se independente de fato, livre de tropas de mercenários a serviço das grandes potências, livre da ação terrorista das corporações capitalistas. Vê vários de seus antigos amigos e aliados africanos tornarem-se ditadores, corruptos, brutais...

Césaire publica *Toussaint Louverture*, uma biografia do revolucionário haitiano.

1961

17 de janeiro — Patrice Lumumba, herói da independência congolesa, é sequestrado, torturado e fuzilado por milicianos subordinados ao serviço secreto belga. Agentes da CIA também estão envolvidos no crime. Lumumba tinha 35 anos.

17 a 20 de abril — Acontece a Invasão da Baía dos Porcos, uma tentativa dos Estados Unidos de invadir Cuba usando um grupo paramilitar formado por cubanos exilados e agentes da CIA. A operação é um fracasso retumbante.

6 de dezembro — Frantz Fanon morre de leucemia em um hospital de Maryland, nos Estados Unidos. Tinha apenas 36 anos. Para Césaire é um choque, ainda que ele estivesse bem informado da gravidade do estado de saúde do jovem amigo. Escreve, naquele mesmo mês, um texto emocionado na revista *Jeune Africa*, no qual defende Fanon das tantas acusações de ser o profeta da violência. E o faz defendendo a violência de Fanon contra a barbárie colonialista: "Mas essa violência era, sem paradoxo, aquela do não violento, a violência da justiça, da pureza, da intransigência. É preciso entender isso: sua revolta foi ética, seu esforço, generoso. Ele não aderiu a uma causa. Entregou-se a ela. Inteiro. Sem relutância. Sem vacilar. Sem esperar recompensa. Há nele o absoluto da paixão". Césaire vai se lembrar de Fanon diversas vezes, em textos, em entrevistas e até em um poema, de 1982, no qual define o amigo: "guerrier-silex" (guerreiro-silex).

1962

Césaire recebe uma mensagem do próprio general Raoul Salan, chefe da OAS (Organisation Armée Secréte), milícia terrorista da extrema-direita francesa: "Ponha fim às suas atividades subversivas e separatistas, a fim de evitar a dolorosa obrigação de impor a você as sanções especiais reservadas aos traidores de sua espécie".

16 a 28 de outubro — Crise dos Mísseis de Cuba, também conhecida como Crise do Caribe, na qual os Estados Unidos e a União Soviética estiveram próximos de detonar a Terceira Guerra Mundial.

Dezembro — O progressista Juan Bosch vence com folga as primeiras eleições livres da República Dominicana. Seu governo promove a reforma agrária, a separação da Igreja e do Estado, controle civil dos militares, a nacionalização de algumas empresas estrangeiras e a retomada das relações diplomáticas com Cuba. O golpe militar (com apoio dissimulado dos Estados Unidos e apoio aberto da Igreja Católica local) o derruba no dia 25 de setembro de 1963. E começa uma guerra civil, que termina quando os Estados Unidos, por temerem uma vitória dos partidários de Bosch, invadem o país no dia 28 de abril de 1965. Depois, para dar ares de legitimidade a sua intervenção, os Estados Unidos ordenam à Organização dos Estados Americanos a criação de uma Força Interamericana de Paz que ocupa o país para "pacificá-lo". Essa Força Interamericana é liderada pelo Brasil.

1963

Maio — Césaire participa do encontro que funda a Organização da Unidade Africana. O encontro reúne representantes de 32 governos de países africanos independentes.

Setembro — Césaire vem ao Brasil participar do Colóquio Afro-Latino-Americano, que acontece em Brasília de 24 de setembro a 1º de outubro. Depois, passa três dias no Rio de Janeiro antes de ir para a Bahia, lugar que há muitos anos quer conhecer. Lá encontra Pierre Verger e Jorge Amado.

Em novembro, o *Jornal de Letras* (do Rio de Janeiro) publica uma tradução do poema "Batuque" por Carlos Drummond de Andrade, que, em uma nota, expressa seu escândalo pelo fato da passagem do poeta martiniquense ter acontecido tão discretamente: "Aimé Césaire esteve no Rio e quem soube?".

Césaire publica *La Tragédie du roi Christophe*, peça teatral a respeito de Henri Christophe (1767-1820), herói da guerra da independência haitiana que se autoproclamou rei e transformou-se em tirano.

Césaire e Suzanne se separam.

1964

31 de março — 1º de abril — Golpe Militar no Brasil, com a benção dos Estados Unidos, que garantem o apoio de suas Forças Armadas caso os golpistas brasileiros precisem.

4 de agosto — Um ataque vietcongue contra um navio norte-americano (ataque que, como se provou depois, nunca aconteceu) serve de desculpa para os Estados Unidos entrarem de vez na Guerra do Vietnã. A ditadura

brasileira é o único governo latino-americano que participa ativamente da guerra, ainda que sua colaboração seja pequena, com uma equipe médica e fornecendo suprimentos para as tropas dos Estados Unidos.

1965

12 de fevereiro — O jornal *Última Hora* noticia a prisão de estudantes angolanos e a apreensão, com eles, da "documentação oficial do grupo Présence Africaine — que o poeta Aimé Césaire havia deixado no Brasil", e que "todo material cultural para a divulgação em nosso país do Festival de Arte Negra de Dakar, aqui deixado pelo poeta Aimé Césaire, foi também apreendido e desapareceu". O jornal informa que os estudantes estariam para ser expulsos do país.

21 de fevereiro — Malcolm X é assassinado.

1966

6 de abril — No Primeiro Festival Mundial de Arte Negra, em Dakar (Senegal), Césaire faz um discurso no qual lembra que negritude não é um racismo, um exclusivismo. A negritude não quer criar um "humanismo negro", mas quer "contribuir para a edificação de um verdadeiro humanismo, um humanismo universal". "A literatura da negritude é uma literatura de combate, uma literatura de choque, essa é sua honra; uma máquina de guerra contra o colonialismo, contra o racismo, essa é sua razão de existir". O festival, aberto por Léopold Senghor, teve a participação de Duke Ellington, Clementina de Jesus, Joséphine Baker, Mestre Pastinha, Amiri Baraka, Alvin Alley e muitos outros artistas e intelectuais.

16 de maio — Suzanne morre, vítima de um tumor cerebral. Césaire escreve: "Suzanne e eu nos compreendemos. Tudo o que posso dizer é que respirávamos juntos".

28 de setembro — André Breton morre. Césaire escreve depois a respeito do amigo: "Acredito que se sou o que sou, é em grande parte por causa do

encontro com André Breton. Não que eu tenha abraçado todas as ideias dele, mas sempre guardei, por Breton, imenso respeito e grande afeto. Não posso dizer que minha maneira de ver as coisas venha da influência de Breton, mas ele me trouxe a confirmação de um número muito grande de coisas que eu já sentia, de um jeito mais ou menos confuso. Eu adivinhava, mas hesitava, e de repente tive uma confirmação. Recebi a luz verde, um atalho enorme para me encontrar".

Outubro - Surge o Partido dos Panteras Negras (Black Panther Party), na Califórnia.

Césaire escreve *Une Saison au Congo*, uma peça de teatro sobre os últimos meses de vida de Patrice Lumumba.

1967

12 de outubro — Che Guevara é assassinado na Bolívia.

1968

4 a 11 de janeiro — Césaire participa do Congresso Cultural de La Habana que reuniu mais de 500 intelectuais e artistas do mundo para discutir o colonialismo e o neocolonialismo: Julio Cortázar, Max Aub, Italo Calvino, Enzensberger, Asger Jorn, Eric Hobsbawm, Susan Sontag, Stokeley Carmichael, Siné, Jules Feiffer e outros. Césaire reencontra seu grande amigo Wifredo Lam. E faz um novo amigo: o historiador C. L. R. James, cujo trabalho já conhece bem. James também conhece e admira muito o trabalho do poeta da Martinica: "Césaire fez o mais selvagem ataque contra a sociedade burguesa que eu já vi em versos". No funeral de C. L. R. James, em 1989, toca-se uma versão em steel drum da "Internacional" e lê-se longos trechos do *Cahier d'un retour au pays natal* são lidos.

4 de abril — Martin Luther King é assassinado em Memphis.

Maio — A revista norte-americana *Negro Digest* publica uma entrevista de Aimé Césaire na qual ele fala de sua simpatia por grupos como os Panteras Negras.

Junho — Césaire visita o Harlem a convite dos Panteras Negras.

1969

20 de janeiro — Richard Nixon assume a presidência dos Estados Unidos tendo como um de seus principais objetivos acabar com os grupos jovens de esquerda, principalmente os Panteras Negras. J. Edgar Hoover, chefe do FBI, descreve os Panteras Negras como "a maior ameaça interna para a segurança do país". Se o combate que o governo movia contra a esquerda radical já era bem sujo antes (com infiltrações ilegais, sabotagens, prisões arbitrárias, incriminações etc. etc.), torna-se um massacre depois disso (tudo, vale notar, acompanhado de uma intensa campanha de difamação feita pela grande imprensa). Diversos panteras são assassinados pela polícia, entre eles Fred Hampton, morto em dezembro de 1969 e, que surgia como um líder capaz de reorganizar o grupo, que então mergulha em uma violenta e paranoica luta interna. Se em 1969 o Partido dos Panteras Negras chegava a ter cerca de cinco mil membros, em 1980 tinha apenas 27.

A peça de teatro *Une Tempête*, uma versão de Césaire para *A tempestade*, de William Shakespeare, é lançada. Seu projeto inicial era uma peça sobre as revoltas que aconteceram nas cidades norte-americanas depois do assassinato de Martin Luther King. Mas acabou fazendo uma alegoria, na qual Caliban é Malcolm X, e Ariel, Luther King.

1971

18 de junho — O presidente norte-americano Richard Nixon proclama a War on Drugs (Guerra às Drogas), que, como era já de se prever, é um fracasso completo no combate ao narcotráfico, mas desde então tem servido muito bem para o governo dos Estados Unidos despejar dinheiro na guerra suja contra movimentos progressistas da América Latina.

1973

20 de janeiro — O marxista Amílcar Cabral, herói da luta anticolonial na Guiné-Bissau e Cabo Verde, é assassinado.

1975

Césaire manda um telegrama de congratulações ao governo do Vietnã pela vitória sobre os Estados Unidos: "No grande dia da libertação total do Viêt-Nam heroico, o Partido Progressista Martinicano, em fraterna alegria, expressa suas vivas felicitações ao grande povo vietnamita, que com seu longo e corajoso combate traz e continuará a trazer a definitiva descolonização dos povos oprimidos da Terra. Viva o internacionalismo proletário!"

1978

22 de janeiro — Léon Damas morre em Washington, onde dava aulas na Howard University.

A brasileira Lilian Pestre de Almeida publica seu estudo *O Teatro negro de Aimé Césaire*, pela editora da Universidade Federal Fluminense. Nos anos seguintes, Pestre de Almeida irá se transformar em uma das principais especialistas do mundo na obra de Césaire. Escreveu diversos livros sobre ele (publicados na Europa, mas inéditos no Brasil) e traduziu sua poesia. Em 2012 publicou sua tradução do *Cahier d'un retour au pays natal*, pela Edusp.

1979

13 de março — Em Granada, uma revolução põe no poder o socialista Maurice Bishop, que passa a combater o racismo, torna ilegal a discriminação de gêneros, incentiva o surgimento de grupos ativistas como a National Women's Organization, investe na educação e saúde públicas e estabelece relações diplomáticas com Cuba. O analfabetismo cai de 35%

para 5% da população, e o desemprego cai de 50% para 14%. Imediatamente os Estados Unidos começam os preparativos para uma invasão, a fim de "consertar" as coisas.

19 de julho — Na Nicarágua, acontece a vitória da Revolução Sandinista, que depõe o ditador Anastasio Somoza, cuja família governava o país desde 1934. Os Estados Unidos, além de imporem um embargo econômico contra o país, passam então a mover uma guerra subterrânea com ações terroristas, sabotagens, destruição de hospitais, escolas, estradas, pontes etc., e apoiando os "Contras", sanguinário grupo de mercenários.

15 de outubro — Início da Guerra Civil de El Salvador, que opôs a ditadura apoiada (até militarmente) pelos Estados Unidos e a Frente Farabundo Martí de Libertação Nacional. A guerra terminou em janeiro de 1992, deixando cerca de 80 mil mortos e um milhão de exilados.

1982

Depois de um longo intervalo, sai um novo livro de poemas de Césaire: *Moi, laminaire.*

1983

Sob pressão dos Estados Unidos, Maurice Bishop é deposto em Granada e executado no dia 19 de outubro, junto com sua companheira, Jacqueline Creft. Esse gesto de boa vontade dos golpistas não é o bastante para os Estados Unidos, que invadem o país em 25 de outubro.

1988

Março — Os Estados Unidos invadem o Panamá.

1990

16 de dezembro — Jean-Bertrand Aristide, um ex-padre ligado à Teologia da Libertação, é eleito presidente do Haiti, ainda em primeiro turno, com 67% dos votos. Mas Aristide é derrubado por um golpe armado pela CIA em setembro de 1991, na época do governo George H. W. Bush (pai do outro Bush). A ditadura implantada então aterroriza o país. Milhares de pessoas são assassinadas, e centenas de milhares são obrigadas a deixar o Haiti. Em outubro de 1994, já sob o governo Bill Clinton, os Estados Unidos permitem que Aristide retorne ao Haiti para terminar seu mandato.

1993

Abril — Às vésperas de completar 80 anos, Césaire decide não concorrer a um novo mandato de deputado da Assembleia Nacional Francesa. E justifica: "Sou contra todas as formas de aristocracia, inclusive a da idade, a gerontocracia".

1999

A poeta e crítica literária brasileira Maria de Lourdes Teodoro publica, na França, seu livro *Modernisme brésilien et négritude antillaise: Mario de Andrade et Aimé Césaire* (Éditions L'Harmattan), no qual faz uma análise comparativa da obra dos dois autores.

2000

Aristide é novamente eleito presidente do Haiti, mais uma vez com grande diferença de votos sobre os outros candidatos. Os Estados Unidos decidem então derrubá-lo dificultando ainda mais a situação econômica do país: fazem com que, por exemplo, o Banco Interamericano de Desenvolvimento bloqueie ajudas econômicas que já estavam aprovadas para o país. O Banco Mundial corta a ajuda anual de 500 milhões de dólares. O sistema financeiro internacional exige o pagamento das dívidas contraídas pela ditadura Duvalier (que usou esse dinheiro para muitas coisas, mas poucas delas no Haiti ou em benefício do país). Em julho de 2003, por exemplo, o Haiti envia mais de 90% de suas reservas para os Estados Unidos, para pagamento de juros da dívida. A França é a principal parceira dos Estados Unidos na pressão sobre Aristide, que responde exigindo que ela devolva a indenização que o Haiti foi brutalmente forçado a pagar em 1825. Aristide chega a fazer as contas: o montante , na época, é de cerca de 21 bilhões de dólares. Apesar da crise econômica, do desemprego, da corrupção e da violência contra opositores de esquerda, Aristide continua muito popular no país. Mas a estratégia dos Estados Unidos contra ele não se limita ao campo da economia: em paralelo, os serviços secretos norte-americanos financiam e treinam grupos paramilitares de extrema direita, que passam a controlar (e aterrorizar) cada vez mais cidades do Haiti.

2001

Césaire abandona definitivamente a vida de político. Seu cargo de prefeito de Fort-de-France é, deste momento em diante, apenas honorário.

20 de dezembro — Léopold Senghor morre em Verson, na Normandia (noroeste da França), onde viveu os últimos anos.

2004

29 de fevereiro — Os Estados Unidos e a França anunciam que Jean-Bertrand Aristide renunciou à presidência do Haiti e deixou o país. E a grande mídia compra tal versão. Quando Aristide finalmente volta a ter a chance de falar, nega a renúncia e diz que foi sequestrado por militares norte-americanos e levado à força para fora do país (para a República Centro-Africana, onde jamais tinha posto os pés)·

Talvez porque o governo dos Estados Unidos estivesse então com suas forças militares ocupadas demais com a invasão do Iraque, o país juntou-se à França na proposta da criação de uma missão pacificadora da ONU para dar um jeito no Haiti. Assim, foi criada a Mission des Nations Unies pour la stabilisation en Haïti, mais conhecida pela sigla Minustah, cujo comando foi oferecido ao Brasil, que, tudo leva a crer, viu a ali a chance de reforçar sua campanha por um assento no Conselho de Segurança da ONU e, por consequência, a consagração do país como uma das grandes potências políticas mundiais.

Como que para comemorar a eficácia do *soft power* brasileiro, o governo Lula promoveu no dia 18 de agosto o chamado Jogo da Paz, uma partida de futebol entre a seleção brasileira e a seleção haitiana. A partida aconteceu em Porto Príncipe, capital do Haiti, e a seleção brasileira venceu por seis a zero.

Mas a alegria ficou ali no jogo de futebol. Em pouco tempo abundavam acusações contra a Minustah por causa de violências diversas (estupros, assassinatos, tortura)... corrupção e cumplicidade na perseguição aos partidários do presidente deposto Jean-Bertrand Aristide. Na madrugada de 6 de julho de 2005, tropas da Minustah, comandada à época pelo general brasileiro Augusto Heleno, invadiram a favela Cité Soleil, a maior de Porto Príncipe. O objetivo oficial era capturar Dread Wilmer, líder de um grupo rebelde partidário de Aristide ou, segundo a Minustah, um simples gângster cujos asseclas haviam atacado um posto da missão em abril. Seja como for, as tropas da ONU alcançaram o objetivo, dispararam 22 mil tiros e mataram Wilmer.

Segundo a missão informou na época, seis outras pessoas também teriam sido mortas na ação. Mas logo veio à tona que o número de mortos era pelo menos dez vezes maior do que o informado pela Minustah. E a maioria das vítimas seriam mulheres e crianças, que tiveram a falta de sorte de morar no local. Nenhum soldado da ONU morreu. A ação revoltou a população de Cité Soleil. Entidades humanitárias e mesmo a agência Reuters classificaram o episódio como um massacre. E até diplomatas dos Estados Unidos, que pressionavam muito Augusto Heleno para ser mais duro contra os rebeldes, comentaram que "22 mil tiros é muita munição para ter matado apenas seis pessoas".

O caso foi denunciado na Comissão Interamericana de Direitos Humanos. O governo do presidente Lula substituiu então Augusto Heleno pelo general Urano da Teixeira da Matta Bacellar no comando da Minustah. Segundo alguns, tal substituição teria ocorrido à pedido da ONU, mas oficialmente já estava prevista antes do episódio. Heleno, que era já muito antiesquerdista, ficou ainda mais depois do caso.

A intervenção militar da Minustah terminou em 2017 sem conseguir conter a violência no Haiti (muito pelo contrário, segundo seus críticos) e, além de tudo, um grupo de seus soldados (vindos do Nepal) trouxe para o país o *Vibrio cholerae*, a bactéria causadora do cólera, que infectou cerca de 800 mil haitianos e matou 10 mil!

No entanto, pode-se dizer que a missão deu, sim, frutos: serviu como treino das Forças Armadas brasileiras para a ação contra os próprios brasileiros nas favelas do Rio de Janeiro e São Paulo. E, muito importante também, consolidou o grupo de oficiais que iria formar a ala militar do golpe que derrubou a presidente Dilma Rousseff em 2016. Nove deles entraram para o governo Bolsonaro, que teve em Augusto Heleno seu braço direito.

É preciso repetir: "Toda vez que no Vietnã há uma cabeça decepada e um olho perfurado e, na França se aceita isso, uma menina é estuprada, e na França se aceita isso, um malgaxe torturado, e na França se aceita isso, há um acréscimo de peso morto na civilização, ocorre uma regressão universal, uma gangrena se instala, um foco de infecção se espalha, e que no final de todos esses tratados violados, todas essas mentiras propagadas, todas essas expedições punitivas toleradas, todos aqueles prisioneiros amarrados e 'interrogados', todos esses patriotas torturados, no final desse orgulho racial estimulado, dessa jactância propagada, existe o veneno incutido nas veias da Europa, e o processo lento, mas seguro, do asselvajamento do continente".

2008

9 de abril — Com problemas cardíacos, Césaire é internado no hospital Pierra Zobda Quitman, em Fort-de-France. Morre na manhã do dia 17.

O presidente da França, Nicolas Sarkozy (que foi esnobado e deixou de ser recebido por Césaire numa visita que fez à Martinica em 2005) homenageou o poeta com um funeral com honras de estado, uma distinção que apenas três outros escritores franceses tiveram: Victor Hugo (1885), Paul Valéry (1945) e Colette (1954).

Na Martinica, Aimé Césaire é nome do principal aeroporto, de ruas, praças, escolas e museus. Mas também em Paris é nome de rua, praça, escola, biblioteca e até de uma estação de metrô (uma homenagem que pouquíssimos escritores ganharam: Voltaire, Victor Hugo, Dumas e Zola). Para muitos, é o maior poeta de língua francesa do século XX. Para a revista *Nouvel Observateur* foi o Victor Hugo do século XX: "o último representante da grande tradição romântica dos poetas que não tinham medo de enfrentar as questões da política e da democracia. Um homem de palavras, um homem de combate".

De fato houve um movimento bem forte de grandes políticos franceses para que Césaire fosse enterrado no Pantheon, honraria máxima para um francês, onde estão os restos mortais de Victor Hugo, Voltaire, Rousseau... Certamente o corpo de Césaire preferiu ficar na Martinica.

Na França, o *Discurso contra o colonialismo* está nas bibliotecas escolares e é leitura recomendada para estudantes a partir do segundo grau. Mas continua a incomodar: de tempos em tempos algum jornalista conservador ou político reacionário descobre o livro e se escandaliza. Em 1994, por exemplo, um deputado reacionário, Alain Griotteray, denunciou que era "chocante e inaceitável" que as escolas francesas recomendassem "um livro que compara nazismo com colonialismo". Suspeito que Césaire teria tomado tal denúncia como um elogio. Sim, muitas vezes é necessário ser "chocante e inaceitável". Imagino Césaire rindo. Imagino também o riso, discreto, que ele teria para as outras homenagens feitas pelas grandes autoridades.

"Acostumai-vos comigo. Eu não me acostumo convosco!".

FONTES CONSULTADAS PARA A CRONOLOGIA

ALMEIDA, Lilian Pestre de. "Deux entretiens avec Aimé Césaire". *África: Revista do Centro de Estudos Africanos da USP*, n. 6, pp. 129-138, 1983.

_____. *Aimé Césaire: Une Saison en Haïti*. Montreal, Canadá: Mémoire d'Encrier, 2010.

ANQUETIL, Gilles. "Le long cri d'Aimé Césaire n'a pas fini de résonner". *Nouvel Observateur*, Paris, pp. 60-62, 17-24 fev. 1994. Disponível em: https://bibliobs. nouvelobs.com/documents/20080417.BIB1140/le-long-cri-d-aime-cesaire-n-a--pas-fini-de-resonner.html. Acesso em: 31 mar. 2020.

CÉSAIRE, Aimé. "Léttre à Maurice Thorez". Paris: Présence africaine, 1956.

_____. "Discours sur l'art africain (1966)". *Études littéraires*, v. 6, n.1, pp. 99-109, abr. 1973. Disponível em: https://www.erudit.org/fr/revues/etudlitt/1973-v6-n1-etu-dlitt2193/500270ar.pdf. Acesso em: 31 mar. 2020.

_____. *The Collected Poetry*. Tradução, introdução e notas de Clayton Eshleman e Annette Smith. Berkeley, Califórnia: University of California Press, 1983.

_____. *Cahier d'un retour au pays natal* — Diário de um Retorno ao País Natal. Tradução de Lilian Pestre de Almeida. São Paulo: Edusp, 2012

_____. *The Complete Poetry of Aimé Césaire*. Tradução de A. James Arnold e Clayton Eshleman. Middletown, Connecticut: Wesleyan University Press, 2017.

CHEYMOL, Marc; OLLÉ-LAPRUNNE, Philippe (orgs.) *Aimé Césaire à l' œuvre*: actes *du colloque international*. Paris: Éditions des archives contemporaines, 2010.

CONSTANT, Isabelle; MABANA, Kahiudi C. (eds.). *Negritude: Legacy and Present Relevance*. Newscastle upon Tyne: Cambridge Scholars Publishing, 2009.

COSTA, Anderson da. "Surrealismo e o seu Projeto Libertário à Esquerda do Partido Comunista Francês". *BOCC. Biblioteca On-line de Ciências da Comunicação*, v. 1, pp. 1-14, 2013. Disponível em: http://www.bocc.ubi.pt/pag/costa-anderson--2013-surrealismo.pdf. Acesso em: 28 mar. 2020.

DELAS, Daniel. Césaire et le Brésil. *Études littéraires africaines*, n. 43, pp. 89—97, 2017. Disponível em: https://www.erudit.org/en/journals/ela/1900-v1-n1-ela03180/1040918ar.pdf. Acesso em: 31 mar. 2020.

FANON, Frantz. *Pele negra, máscaras brancas*. Tradução de Renato da Silveira. Salvador: Universidade Federal da Bahia, 2008.

FONSECA, Maria Nazareth Soares. "Césaire, o haitiano Depestre e as literaturas nacionais negras". *Revista Sibila*, 17 jan. 2010. Disponível em: https://sibila.com.br/critica/cesaire-o-haitiano-depestre-e-as-literaturas-nacionais-negras/3380. Acesso em: 29 mar. 2020.

HADDOUR, Azzedine. "Fanon, the French Liberal Left and the Colonial Consensus". *Nottingham French Studies*, n. 54 (1), pp. 72-91, 2015. Disponível em: https://discovery.ucl.ac.uk/id/eprint/1496906/ . Acesso em: 31 mar. 2020.

HOPKINS, David (ed.). *A Companion to Dada and Surrealism*. Hoboken: Wiley-Blackwell, 2016.

ISENBERG, Sheila. *A Hero of Our Own: The Story of Varian Fry*. Lexington, Massachusetts: Plunkett Lake Press, 2017.

JATO, Mónica. *El éxodo español de 1939 — Una topología cultural del exilio*. Leiden, Holanda: Brill Rodopi, 2019.

JENNINGS, Eric T. *Escape from Vichy: The Refugee Exodus to the French Caribbean*. Cambridge, Massachusetts: Harvard University Press, 2018.

LEINER, Jacqueline. *Aimé Césaire: le terreau primordial*. Tübingen: Gunter Narr, 1993.

LEMÉNAGER, Grégoire. "Quand les surréalistes saluaient Césaire". *Nouvel Observateur*, Paris, 17 abr. 2008. Disponível em: https://bibliobs.nouvelobs.com/actualites/20080417.BIB1173/quand-les-surrealistes-saluaient-cesaire.html. Acesso em: 31 mar. 2020.

MALELA, Buata B. *Les Écrivains afro-antillais à Paris (1920-1960): Stratégies et postures identitaires*. Paris: Éditions Karthala, 2008.

MARMANDE, Francis. "Aimé Césaire, le grande poète de la 'négritude'". *Le Monde*, Paris, 18 abr. 2008. Disponível em: https://www.lemonde.fr/disparitions/article/2008/04/18/aime-cesaire-le-grand-poete-de-la-negritude_1035704_3382. html Acesso em: 31 mar. 2020.

NESBITT, Nick. "From Louverture to Lenin: Aimé Césaire and Anticolonial Marxism". *Small Axe*, v. 19, n. 3 (48), pp. 129-145, nov. 2015.

OLLÉ-LAPRUNNE, Philippe. "Aimé Césaire". Tradução de Agnès Merat. *Letras Libres*, Cidade do México, 31 dez. 2003. Disponível em: https://www.letraslibres. com/mexico-espana/aime-cesaire. Acesso em: 30 mar. 2020.

PAGO, Gilbert. *L'Insurrection de Martinique (1870-1871)*. Paris: Éditions Syllepse, 2011.

PROTEAU, Laurence. "Entre poetique et politique Aimé Césaire et la 'negritude'". *Sociétés contemporaines*, n. 44, pp. 15-39, 2001/4. Disponível em: https://www.cairn.info/ revue-societes-contemporaines-2001-4-page-15.htm. Acesso em: 29 mar. 2020.

RABAKA, Reiland. *The Negritude Movement — W.E.B. Du Bois, Leon Damas, Aimé Césaire, Leopold Senghor, Frantz Fanon, and the Evolution of an Insurgent Idea*. Lanham, Maryland: Lexington Books, 2015.

RENAULT, Matthiea. "'Des inventeurs d'âmes' — Fanon, lecteur de Césaire". *Rue Descartes*, n. 83, pp. 22-35, 2014/4. Disponível em: https://www.cairn.info/revue- -rue-descartes-2014-4-page-22.htm. Acesso em: 29 mar. 2020.

SALGADO, Marcus Rogério. "A Sabedoria sensorial do verbo: Drummond e a tradução de poesia". *Revista Araticum*, v. 16, n. 2, pp. 125-140, 2017. Disponível em: https://www.periodicos.unimontes.br/index.php/araticum/article/view/760/752. Acesso em: 30 mar. 2020.

SARTRE, Jean-Paul ."Orphée Noir". In: SENGHOR, Leopold S. *Anthologie de la nouvelle poésie nègre et malgache de langue française*. Paris: PUF, 2015.

STERN, Ludmila. *Western Intellectuals and Soviet Union, 1920-40: From Red Square to the Left Bank*. Londres; Nova York: Routledge, 2007.

SURÉNA, Guillaume. Schoelcher/Césaire et le destin des peuples noirs. *Le Coq-héron*, n. 195, pp. 57-65, 2008/4. Disponível em: https://www.cairn.info/revue-le-coq- -heron-2008-4-page-57.htm#. Acesso em: 31 mar. 2020.

TERNISIEN, Xavier. "Quand Bayrou retirait Césaire des programmes de français". *Le Monde*, Paris,10 maio 2008. Disponível em: https://www.lemonde.fr/societe/ article/2008/05/10/quand-bayrou-retirait-cesaire-des-programmes-de-francais_1043339_3224.html. Acesso em: 27 mar. 2020.

THÉOBALD, Gérard. *La Liberté est ou n'est pas...* Paris: Publibook, 2014.

VIANNA NETO, Arnaldo Rosa. "A *négritude* de Aimé Césaire". *Conserveries mémorielles*, n. 3, pp. 84-98, 2007. Disponível em: https://journals.openedition.org/cm/133?lang=en. Acesso em: 28 mar. 2020.

Voyages: The Trans-Atlantic Slave Trade Database. Disponível em: https://www.slavevoyages.org/. Acesso em: 30 mar. 2020.

WEST-DURÁN, Alan. *African Caribbeans: A Reference Guide.* Westport, Connecticut: Greenwood, 2003.